LES

ÉMIGRANS

LA COLONIE DU KANSAS)

PAR

ÉLIE BERTHET

auteur de

La Bête du Gévaudan, les Catacombes de Paris, la Tombe Issoire, le Garde chasse, le Garçon de Banque, la Marquise de Norville, etc., etc.

I

PARIS

L. DE POTTER, LIBRAIRE-ÉDITEUR

RUE FONTAINE MOLIÈRE, 27.

LES ÉMIGRANS

(LA COLONIE DU KANSAS)

NOUVEAUTÉS EN LECTURE

DANS TOUS LES CABINETS LITTÉRAIRES.

Paris. — Imp. de P.-A. BOURDIER ET Cie, 30, rue Mazarine.

LES

ÉMIGRANS

(LA COLONIE DU KANSAS)

PAR

ÉLIE BERTHET

auteur de

La Bête du Gévaudan, les Catacombes de Paris, la Tombe Issoire, le Garde chasse, le Garçon de Banque, la Marquise de Norville, etc., etc.

I

PARIS

L. DE POTTER, LIBRAIRE-ÉDITEUR

RUE FONTAINE MOLIÈRE, 27.

1860

LES

VIVEURS DE PROVINCE

PAR

XAVIER DE MONTÉPIN.

Tout le monde connaît *les Viveurs de Paris*, l'un des livres les plus populaires et les plus célèbres de notre époque, l'un de ces romans dont le succès a marqué la place à côté des *Mystères de Paris*, des *Mousquetaires* et des *Parents pauvres*. L'auteur de ce chef-d'œuvre nous donne aujourd'hui la suite, ou plutôt la contre-partie de cette magnifique étude des mœurs parisiennes. Après avoir photographié les tableaux changeants et pittoresques de la grande ville, après avoir mis sous les yeux de ses innombrables lecteurs les drames et les scandales de la reine du monde. il va nous initier aux émotions et aux mystères de cette vie de province, bizarre et peu connue, même des provinciaux.

Jamais la plume de l'écrivain, si fécond et si aimé du public, ne s'est montrée mieux inspirée. Tour à tour dramatique, touchante et comique, elle raconte avec un art infini, avec une habileté merveilleuse, les péripéties multiples d'une histoire vraie et terrible, pleine d'intérêt et d'émotion.

Nous croyons pouvoir prédire un succès immense et mérité aux *Viveurs de province*, cet indispensable complément des *Viveurs de Paris*.

LES ÉMIGRANTS

PAR

ÉLIE BERTHET.

Parmi les romanciers les plus estimés de notre époque, M. Elie Berthet a su conquérir une place à part. Ses ouvrages, pleins de naturel, de vérité, de bon sens, paraissent être plutôt des histoires que des romans. Il ne donne pas dans le travers de certains autres écrivains en vogue, qui, à force de complications, d'événements bizarres et impossibles, arrivent à produire des œuvres aussi obscures, aussi peu intelligibles que déraisonnables. Sa manière est celle du grand romancier anglais Walter Scott, auquel on l'a comparé plusieurs fois; et, comme Walter Scott, tous ses ouvrages sont frappés au coin d'une moralité rigoureuse. Sans écarter les passions violentes, les fautes, les crimes qui existent dans la société humaine, et qui sont un des éléments de l'intérêt dramatique, il ne manque jamais de les blâmer et de les flétrir. Aussi l'appelle-t-on le *romancier des familles*, et, en effet, tout le monde peut lire ses ouvrages, sans crainte de se souiller l'imagination, d'altérer son sens moral ou de s'endurcir le cœur.

Ces qualités de M. Elie Berthet sont surtout apparentes dans le beau roman *les Émigrants*, que nous publions aujourd'hui. L'histoire est si simple, si vraie, si touchante, qu'elle semble réelle, et l'on croirait que le romancier a reçu les confidences de quelqu'unes de ces pauvres familles qui abandonnent leur sol natal pour aller chercher au loin une vie plus douce et plus prospère. Les causes ordinaires de l'émigration, les fatigues et les dangers auxquels s'exposent les émigrants, leurs illusions naïves, leurs mécomptes, et souvent les catastrophes auxquelles ils succombent, sont exposés avec une grande puissance et avec le plus vif intérêt. Aussi ne doutons-nous pas que le nouvel ouvrage de l'auteur des *Catacombes de Paris*, des *Chauffeurs*, du *Garde-Chasse* et de tant d'autres romans qui ont mérité la faveur du public, n'obtienne en librairie un immense succès.

CHAPITRE PREMIER.

L.

Le protecteur.

Le lendemain matin, à l'issue du déjeuner, la famille Reber et Schmidt retournèrent au consulat.

Le trajet fut silencieux; Schmidt et les jeunes filles étaient tristes et contraints. Seul Reber affectait des allures dégagées, un ton brusque et insouciant qui déguisaient mal ses secrètes inquiétudes.

En arrivant chez le consul, ils furent introduits par le même domestique mulâtre dans le cabinet où se trouvait M. Girard.

Le secrétaire s'empressa de venir au-devant des visiteurs, et les salua d'un air amical ; puis il s'approcha de Schmidt, lui serra la main, et lui dit à voix basse :

— Eh bien?

Pour toute réponse Schmidt secoua la tête, et Girard alla se rasseoir en soupirant.

Les visiteurs avaient pris place sur le divan en attendant l'arrivée du consul. Reber croisait et décroisait ses jambes, se dandinait comme un homme timide qui veut affecter l'aisance. Enfin il dit au secrétaire, avec une gaieté un peu forcée :

— C'est donc vous, monsieur... monsieur Girard... qui avez fait si grand peur du Kansas à ce pauvre Schmidt? Il ne veut plus entendre parler d'y venir avec nous. Il nous faudra partir sans lui, et c'est dommage, car vraiment nous l'aimions de tout notre cœur.

— Et vous, monsieur Reber, vous persistez?.. Voyons, monsieur Schmidt, avez-vous bien expliqué à votre ami les suites possibles de son obstination?

— Je n'ai rien oublié, répliqua Schmidt avec désespoir; je lui ai énuméré toutes les chances contraires...

— Et il n'en a pas été touché?

— Vous le voyez bien.

— Cela est fâcheux, bien fâcheux, monsieur Reber, et vous le reconnaîtrez tôt ou tard.

— J'en courrai la chance, s'écria Reber avec impatience; morbleu! je suis venu de l'autre bout du monde afin de tenter la fortune; et je ne vois pas pourquoi je ne réussirais pas où tant d'autres ont réussi.

Kretle, qui depuis la veille contenait ses terreurs, ne put les cacher davantage.

— Monsieur Girard, dit-elle avec émotion, vous êtes incapable d'altérer la vérité... Par pitié! répondez-moi nettement: n'aurions-nous aucune chance de réussite dans le Kansas?

— Je n'oserais, mademoiselle, affirmer le fait d'une manière aussi absolue; les événements sont entre les mains de la Providence; cependant on aurait lieu de craindre...

— Parlez, parlez, monsieur Girard, dit à son tour Julia, s'apercevant qu'il hésitait; plus nous serons préparées aux revers et aux infortunes, plus nous aurons de courage à les supporter.

— Je puis me tromper, mesdemoiselles; mais, sur mon honneur! si j'avais le bonheur d'être votre père, je ne vous exposerais pas à une pareille épreuve.

Ces paroles étaient prononcées avec une conviction si profonde que Reber ui-même en fut ébranlé.

— Si mes filles ont peur, dit-il, je pourrai les laisser à New-York jusqu'à ce que j'aie vu moi-même l'état des choses.

— Ces demoiselles consentiraient-elles à prendre ce parti? demanda Girard; dans ce cas, le consul et sa digne dame elle-même se feraient un devoir de chercher un asile convenable pour elles, jusqu'à ce que M. Reber jugeât à propos de les rappeler ou de venir les rejoindre.

— De mon côté, s'écria Schmidt, je veillerais religieusement sur elles, et...

— Tout ceci est inutile, interrompit Kretle avec vivacité; est ce que des filles se séparent de leur père? En quelque endroit que vous alliez, mon père, nous vous suivrons pour vivre, souffrir, et, s'il le faut, mourir avec vous.

— Kretle a exprimé ma pensée, ajouta Julia avec non moins de fermeté; nous ne vous quitterons pas, quoi qu'il arrive.

Et elles embrassèrent avec transport le bonhomme, qui avait les yeux humides de larmes.

— Allons, dit Girard à Schmidt, il

faut y renoncer... Nos efforts à présent doivent tendre à ce que le projet que nous avons inutilement combattu s'exécute dans les conditions les plus favorables pour nos amis. J'y contribuerai, quant à moi, de toutes mes forces, et je compte ne pas perdre mon temps d'ici à l'heure du départ... Dieu fera le reste!... Mais pardon, ajouta-t-il en se levant, je vais rappeler à M. le consul que vous êtes là... Ayez patience encore quelques instants

Et il entra dans une pièce voisine.

Un quart d'heure après il reparut, la figure souriante, et invita les émigrants à le suivre.

Ils avaient eu le temps de se remettre de leur émotion; leur contenance était maintenant calme et assurée. Ils trouvèrent le consul dans son salon, vaste pièce richement décorée, où l'on admirait des tableaux de maîtres, des bustes de bronze et de marbre, des objets d'art du plus grand prix, trésors venus d'Europe, comme on peut croire. Le consul les accueillit avec sa bonté accoutumée :

— Eh bien ! mes chers compatriotes, leur dit-il, on m'annonce que vous n'avez pas voulu partir sans me remercier de mon concours; ces remerciments, je les refuse, car j'ai conscience de ne pas les avoir mérités. Quand je rends service, je veux que ce soit d'une manière digne de moi et digne du pays que j'ai l'honneur de représenter. Or, les intrigues de Wilson, quoique tout à fait en harmonie avec les habitudes et les nécessités locales, ne sauraient être avouées par moi, et je décline la responsabilité de cette affaire. Wilson sera récompensé de la manière qui peut lui être le plus agréable; en conséquence, des remercîments ne sont dus à personne; ayez l'esprit tranquille à cet égard.

Les émigrants ne comprenaient pas grand chose aux sentiments d'exquise délicatesse et de dignité qu'exprimait le consul. Schmidt n'essaya pas moins de balbutier quelques mots de reconnaissance; le consul l'interrompit :

— Laissons cela, dit-il; d'après certains renseignements, monsieur Reber, il eût mieux valu pour vous et pour nos autres compatriotes que Wilson eût échoué, et que ces marchés n'eussent pas été ratifiés; on dit beaucoup de mal de ces terres de Stockton, et il serait facile de trouver mieux pour vous. Ecoutez-moi donc : vous m'êtes fortement recommandé ; je puis par mon intervention personnelle, par mon crédit, vous procurer un établissement plus avantageux; ce parti vous agréerait-il ?

Reber, si honnête qu'il fût du reste, avait un de ces esprits bornés qui, une fois dominés par une idée, ne savent plus s'y soustraire. Ces représentations, ces sollicitations dont il était accablé depuis la veille, commençaient à réveiller son humeur irascible.

Il répondit donc, avec une impatience mal contenue, « qu'il n'avait pas l'intention de reculer après s'être tant avancé ; que les bruits fâcheux répandus sur la concession William Bell étaient vagues, sans consistance; qu'il n'y voyait pas une raison suffisante pour renoncer aux avantages de son acquisition; » puis l'éternel refrain : « que d'autres avaient fait une fortune brillante dans des conditions moins favorables encore, et qu'il ne comprenait pas pourquoi il ne ferait pas aussi la sienne. »

Le consul ne s'offensa pas de l'espèce d'aigreur qui perçait dans cette réplique, et il regarda son secrétaire comme pour lui dire :

— Vous aviez raison; mais du moins

il ne pourra se plaindre plus tard de n'avoir pas été averti.

Il reprit bientôt:

— Soit donc, mon cher monsieur Reber; puisque vous voulez courir les risques de ce voyage, il me reste à vous demander en quoi je peux maintenant vous être utile.

— M'être utile, bon Dieu! eh! n'avez-vous pas déjà fait pour nous mille fois plus que nous n'osions l'espérer?

— Non pas; encore une fois cette affaire de Wilson ne peut me regarder, et je désire tenir compte des recommandations pressantes qui m'ont été adressées à votre sujet... Voyons, Reber, vos moyens pour fonder un grand établissement agricole sont extrêmement bornés, je le sais; que diriez-vous, par exemple, d'un ami qui vous prêterai un millier de dollars pour parer aux premières dépenses?

— Mille dollars! s'écria Reber ébloui, plus de cinq mille francs de notre argent de France?

— Ne vous récriez pas, la somme pourrait être encore de beaucoup inférieure à vos besoins.

— Mais, monsieur, comment m'acquitterais-je plus tard d'une dette aussi forte, si, comme vous paraissiez le craindre tout à l'heure, je venais à ne pas réussir?

— On courra ce risque, s'il le faut. Ce pays-ci, monsieur Reber, est le pays des spéculations aventureuses. Si vous pouvez vous ruiner en fort peu de temps, il est juste de dire aussi que votre propriété, exploitée avec des capitaux suffisants, pourra valoir dans quelques années, cinquante mille dollars... Rien ne vous serait plus facile alors que de rembourser cette faible somme... Eh bien! consentez-vous?

— Eh! eh! monsieur le consul, cela dépend des conditions.

En même temps Reber avança son siége, et prit cet air futé d'un campagnard qui se prépare à conclure un important marché.

Le consul paraissait s'amuser de sa bonhomie, et il reprit en souriant :

— On vous laisse fixer vous-même les conditions de ce prêt.

— Fort bien. Trois ans d'échéance, un intérêt de cinq pour cent, hypothèque sur mes terres, cela vous convient-il? demanda Reber en pesant chaque mot.

L'ancien fermier soupçonnait que ces conditions étaient démesurément avantageuses pour lui, eu égard au pays et aux circonstances; aussi fut-il bien étonné quand le consul lui répondit:

— Marché conclu, monsieur Reber. Avec de braves gens on n'a pas besoin de prendre tant de précautions; aussi me contenterai-je d'un simple reçu de votre main. Préparez-le donc pendant que je vais compter la somme.

Le consul ouvrit un tiroir, et en tira des banknotes qu'il étala sur la table.

Cette assistance si généreuse et si peu attendue bouleversait toutes les idées de Reber. Il regardait le consul, puis Schmidt et ses filles, qui ne semblaient pas moins surpris que lui, et il restait immobile.

— Quoi! votre reçu n'est-il pas prêt? demanda le consul.

Le pauvre homme saisit précipitamment une plume, et se mit à écrire d'une main tremblante. La sueur lui coulait du front, et il avait une extrême difficulté à tracer des caractères lisibles.

Enfin il remit son griffonnage au consul.

— Je ne sais, dit-il, si ce papier est en règle, selon les formes américaines, mais...

— C'est bon, interrompit le consul qui ne jeta qu'un regard rapide sur le reçu, tout est pour le mieux... A votre tour, monsieur Reber, voyez si c'est bien là votre somme.

L'ancien fermier, après avoir compté es bank-notes, ce qui présentait certaines difficultés, vu son inexpérience des valeurs américaines, enferma le tout dans un vieux portefeuille de cuir qu'il fit aussitôt disparaître sous ses vêtements. Alors il se tourna vers M***, le visage rayonnant de joie.

—Ma foi! monsieur le consul, s'écria-t-il, je conviens que vous me tirez une fameuse épine du pied. J'avais beau dire, depuis que Schmidt m'a défilé cette interminable kyrielle de difficultés et d'embarras auxquels nous allons être exposés là-bas, j'avais par moments de terribles frayeurs, sinon pour moi, du moins pour ces pauvres petites Maintenant, me voilà tranquille, et je n'oublierai de ma vie...

— Il suffit, pas de remercîments, interrompit le consul. Je n'ai pas autant de mérite en vous obligeant, monsieur Reber, que vous paraissez le croire... Brisons donc là-dessus, je vous en prie, et surtout, ajouta-t-il en souriant, n'allez pas vanter à vos compagnons nécessiteux ma prétendue libéralité, car je me trouverais dans une impossibilité absolue de leur rendre le même service.

CHAPITRE DEUXIÈME.

II.

Le protecteur (suite).

Les demoiselles Reber ayant voulu à leur tour prononcer quelques mots de reconnaissance, le consul les interrompit encore :

— De grâce, mesdemoiselles, épargnez moi, répliqua-t-il; aussi bien ma tâche n'est pas encore finie... Vous voilà, monsieur Reber, pourvu d'un capital suffisant, à la rigueur, pour entreprendre votre exploitation avec quelques chances de succès ; mais cela n'est pas assez. Vous avez encore besoin d'avoir près de vous un ami intelligent, dévoué, sachant se plier avec facilité aux nécessités de votre condition nouvelle; cet ami, vous l'aviez trouvé dans M. Schmidt. Malheureusement, M. Schmidt, cédant à un sentiment de délicatesse que j'honore, a craint d'augmenter vos charges en vous suivant au Kansas, et il a pris la résolution de demeurer à New-York, pour acquérir par son travail une existence indépendante... n'est-ce pas cela?

Schmidt baissa la tête affirmativement.

— Oui, s'écria Reber avec vivacité, mais grâce à vous, monsieur le consul, il n'a plus de motifs pour refuser de nous suivre... Entends-tu, mon garçon? ajouta-t-il en s'adressant à Schmidt, je suis riche maintenant, et ça ne me coûtera pas beaucoup de t'emmener. Tiens, si tu veux le savoir, je crois que sans toi je ne ferais rien de bon. Aussi, dans mon intérêt, dans celui de ces pauvres petites qui t'aiment tant, tu viendras avec nous... Oui, tu viendras, quand je devrais t'emporter de force!

— Merci, monsieur Reber, mais, pas plus aujourd'hui qu'hier, il ne m'est permis d'accepter vos offres. Votre position est changée; la mienne est toujours la même.

— Orgueilleux ! murmura Reber avec dépit.

— Ecoutez-moi, monsieur Schmidt, reprit le consul ; comme je vous l'ai dit, j'honore vos scrupules, mais il ne faudrait pas les pousser trop loin... Voyons, votre fierté serait-elle offensée si une personne qui a toute confiance dans votre avenir vous offrait de vous prêter deux cents dollars, comme elle en a prêté mille à M. Reber?

— Mais Reber a l'espoir, presque la

certitude de pouvoir un jour rembourser le prêteur ; ou lieu que moi, sans fortune et sans espérances...

— Vous avez de la jeunesse, de l'honnêteté, de l'intelligence, et c'est un capital cela, un capital qu'on prise fort en Amérique.

— Monsieur le consul, balbutia le jeune homme avec embarras, il faudrait savoir au moins si vous agissez au nom d'un autre, ou si vous-même...

— Que vous importe? La personne qui vous rend ce service vous estime et vous aime... que souhaitez-vous de plus?

— Acceptez, Schmidt, lui dit Julia bas, mais d'une voix vibrante: c'est un homme de cœur qui vous fait cette offre loyale, c'est un homme de cœur qui vous la transmet.

— Acceptez, Schmidt murmura, Kretle à son tour; je vous en prie.

Le pauvre garçon ne put résister davantage.

— Eh bien, soit! reprit-il en sanglottant; je ne renoncerai pas pour un vain intérêt d'amour-propre au bonheur de vivre encore près de vous. Quoiqu'il arrive, je vous suivrai partout ou vous irez!

Reber se jeta dans ses bras, et les deux sœurs elles-mêmes lui présentèrent leurs joues roses de bonheur et baignées de larmes.

Le consul et Girard ne cherchaient pas à cacher l'émotion que leur causait cette scène touchante. M. *** ouvrit de nouveau son tiroir et en tira deux cents dollars, en espèce sonnantes cette fois, qu'il étala sur la table.

Schmidt n'avait jamais vu tant d'or, et il en demeura ébloui; cependant il se mit à écrire le reçu en murmurant:

— Je les rendrai, oui, je les rendrai

un jour... quand je devrais mourir à la peine!

Au moment de signer, il regarda le consul:

— Et vous ne voulez pas me dire, reprit-il, à qui je devrai...

— A moi, à moi seul.., pour le moment du moins, répliqua le consul avec son bienveillant sourire.

Cette petite affaire terminée, Schmidt s'approcha de Girard.

— Je suis pénétré de reconnaissance pour vos bontés, lui dit-il avec embarras; mais vous voyez que je ne saurais plus demeurer à New-York, et que je dois renoncer...

— Je vous approuve, monsieur Schmidt, répliqua le boiteux. Puisque vos amis persistent dans leur projet, votre présence leur est tout à fait indispensable. Quant à moi, je me reproche d'avoir écouté un moment vos sollicitations et tenté de vous séparer d'une famille qui est presque devenue la vôtre... Mais, si j'ai des torts envers elle, je les réparerai bientôt, j'en prends l'engagement.

Schmidt allait répondre quand Reber lui poussa le coude et lui dit à voix basse :

— Mon garçon, tu oublies... tu n'as pas encore parlé au consul de l'affaire de la grand'mère.

Schmidt se mit alors à raconter à M. *** par quel concours de circonstance on avait lieu de d'espérer qu'une somme considérable, appartenant à la famille Reber, se trouvait cachée dans son ancienne demeure à l'Arche.

Dès les premiers mots de cette confidence, Girard avait voulu se retirer; mais Reber et son compagnon, qui appréciaient les lumières, l'expérience et la probité de ce digne homme, le pressèrent de rester, et il y consentit avec la permission du consul.

Celui-ci et son secrétaire examinèrent avec grand soin les notes laissées par la vieille Dietrich, et se firent répéter tous les détails de cette singulière découverte. Ils approuvèrent l'intention que manifestait l'ancien fermier d'écrire sécrètement dans le pays au notaire Marais et à Albert Lovendal, pour les charger de visiter la maison à la place indiquée, et de retrouver, s'il était possible, la somme enfouie.

— Le notaire Marais, si j'en juge par l'acte de vente des terrains du Kansas, reprit le consul, est un honnête homme et un praticien habile; ce n'était pas sa faute si cet acte, valable en France, prêtait aux interprétations fâcheuses des chicaneurs de l'Amérique. Quant à M. Albert Lovendal, vous pouvez, je le sais, mettre dans son dévouement une confiance absolue.

— A qui le dites-vous, monsieur! s'écria Reber; il s'est admirablement conduit à notre égard, au lieu que moi...

Les gestes suppliants de ses deux filles l'arrêtèrent court; le consul remarqua ce petit manége et sourit:

— Bien, bien, reprit-il; les détails importent peu; il suffit que nous nous entendions sur le point principal. Il est donc convenu que vous écrirez sans retard à chacun de ces messieurs pour les charger d'être vos mandataires ; quant à moi, mes amis, à quoi pourrais-jevous être bon dans cette circonstance?

— Le voici, monsieur le consul, répliqua Reber; nous partons demain pour Stokton, et, d'après ce qu'on dit de l'éloignement de ce pays, de l'état presque sauvage où il se trouve encore, les communications avec l'Europe ne doivent y être ni promptes ni faciles. Je voudrais donc vous laisser mes pleins pouvoirs, à vous que je considère comme mon bienfaiteur et celui de ma famille ; vous prendriez la direction de cette affaire en mon absence, et vous agiriez pour moi comme j'agirais moi-même... Daignerez-vous m'accorder cette grâce ?

— Très volontiers; et je vous transmettrai le plus promptement possible le résultat de mes démarches... Vous allez me laisser une procuration, me remettre toutes les pièces à l'appui... Ce secret ne sera connu que de Girard et de moi; vous, de votre côté, prenez garde de l'ébruiter, car il ne manquerait pas sans doute de gens disposés à profiter de la moindre indiscrétion, soit ici, soit en France.

Il ne fallut pas longtemps à Girard pour dresser une procuration en forme authentique, et Reber la signa Les indications les plus minutieuses furent données en prévision des différents cas qui pourraient se présenter, et, ces arrangements terminés, la famille Reber parut vouloir se retirer; mais Schmidt demeurait immobile, une main enfoncée dans sa poche.

— Monsieur le consul, dit-il en devenant rouge jusqu'aux oreilles, je voulais vous demander la permission de vous offrir... c'est bien peu de choses... mais j'ai le cœur si plein de gratitude pour les bienfaits dont vous nous comblez tous...

Et il continuait de tortiller au fond de sa poche un objet invisible. Reber et ses filles étaient eux-mêmes fort surpris et ne comprenaient pas ce que le pauvre garçon pouvait avoir à offrir au consul de France.

— De quoi s'agit-il, mon ami? demanda celui-ci avec bonté.

— La vue de toutes ces curiosités,

continua Schmid en désignants les tableaux et les sculptures dont la salle était remplie, m'a donné la pensée de vous présenter une bagatelle, œuvre de temps et de patience, rien de plus. Je ne vous cacherai pas que ce petit travail, auquel je consacrais mes moments perdus pendant la traversée, était primitivement destiné à... à... aux demoiselles Reber, et je le leur aurais remis au moment de me séparer d'elles. Mais à présent que je ne dois plus les quitter, elles se joindront à moi, j'en suis sûr, pour vous prier de l'accepter tant en leur nom qu'au mien.

Il s'était tourné vers les jeunes filles, bien que son regard se fixât plus particulièrement sur Kretle. Celle-ci le comprit :

— Vous avez raison, monsieur Schmidt... seulement, ajouta-t-elle plus bas, ce qui pourrait avoir du prix pour vos amis et pour de petites gens comme nous serait indigne peut-être...

— Oui, oui, Schmidt, ajouta Reber à son tour d'un ton d'inquiétude, songe devant qui tu es, mon garçon.

Mais le jeune homme ne se laissa pas démonter par cette désapprobation générale :

— Si humble que soit mon cadeau, dit-il les yeux baissés, M. le consul ne le refusera pas, je l'espère, parce qu'il lui rappellera une bonne action.

Il présenta d'une main tremblante au consul une petite boîte en maroquin, qu'il avait achetée la veille de son dernier schelling en se promenant dans

New-York. Le consul l'ouvrit, et à peine en eût-il examiné le contenu, qu'il poussa un cri d'admiration.

L'écrin ne renfermait pourtant rien autre chose qu'un noyau de pêche; mais ce noyau était si merveilleusement ciselé qu'il avait la valeur d'un diamant. Chaque nervure, fouillée au burin, formait un groupe d'ornements de la plus étonnante délicatesse, du fini le plus précieux; c'étaient des nymphes endormies, des génies ailés, des guirlandes de fleurs, des arabesques, des animaux fantastiques, tout cela harmonieusement disposé avec un goût et un art incroyables, l'œuvre d'une fée pour une princesse sa filleule. Schmidt avait entrepris secrètement ce travail plus d'une année auparavant, et il ne l'avait terminé que pendant la traversée; aussi Dieu seul savait ce que cette sculpture mignonne avait coûté de temps, de volonté, de patience, et, après une fée, un amoureux seul était en état de l'exécuter.

— C'est un véritable petit chef d'œuvre! s'écria le consul transporté. Voyez donc, Girard; trouveriez-vous dans les deux Amériques un homme capable de faire ainsi d'un objet vulgaire et sans valeur, un bijou d'un prix inestimable? Mais ce sont là les produits de notre vieille Europe, de notre belle et artistique France! Examinez cette nymphe couchée sur des fleurs, et cet oiseau aux ailes étendues, et cette guirlande de roses dont on croirait pouvoir compter les pétales! Quelle pureté dans les lignes! quelle perfection dans les formes! C'est le tour de force d'un grand artiste.. Merci, monsieur Schmidt ajouta-t-il avec effusion en serrant la main du jeune homme; j'accepte ce trésor en souvenir de vous et de votre famille d'adoption, bien que j'aie le regret de ne l'avoir pas mérité; il figurera dans ce salon sous une cloche de verre, au milieu des curiosités artistiques qui me sont si chères et qui me rappellent la patrie absente.

Schmidt lui-même était confus de cet enthousiasme d'amateur que son travail excitait pour la première fois. Quant à Reber et à ses filles, leur étonnement était au comble:

— Vraiment, monsieur le consul, demanda l'ancien fermier, les petites *machines* que fait ce pauvre Schmidt à ses moments perdus ont-elles tant de prix que cela?... Ma foi! je ne m'en doutais guère.

— Pour moi, je connaissais déjà, reprit Girard avec un sourire malin, l'habileté de M. Schmidt. Dans son désir de s'assurer si son talent de sculpteur pourrait lui créer des ressources à New-York, il m'avait montré une statuette en bois de... d'une personne de sa connaissance, et j'avais été frappé de son adresse à reproduire les traits et la forme gracieuse de son modèle... Cependant j'ai eu le courage de lui dire qu'il gagnerait dix fois plus d'argent à vendre de la morue sèche ou verte dans les rues de New-York, qu'à exécuter des chefs-d'œuvre pour nos gentlemen spéculateurs et nos oisives ladies.

— Malheureusement Girard a raison, monsieur Schmidt, dit le consul avec amertume en remettant le noyau dans son écrin; si vous vouliez cultiver vos merveilleuses aptitudes pour la sculpture, il fallait rester en France, à Paris, où, à défaut d'argent, l'artiste peut du moins récolter l'admiration. Ici vous risqueriez de vivre fort mal des produits de votre délicieux talent. L'art appartient seulement aux vieilles civilisations ; l'Amérique n'en est encore qu'à l'industrie.

— Aussi, monsieur le consul, mon parti est-il bien pris. Ce travail est le dernier de ce genre que j'entreprendrai jamais, et mes doigts ne toucheront plus un outil de sculpteur. Je vais employer tous mes efforts à devenir un agriculteur passable, et, avec l'aide de Dieu, j'y parviendrai.

— Oui, vous y parviendrez, mon garçon, dit le consul d'une voix émue et si la société perd à votre détermination un grand artiste peut-être, vous, du moins, vous serez plus tranquille et plus heureux dans votre obscurité.

— Adieu, mes amis, ajouta-t-il en voyant les visiteurs se disposer à sortir;

puissiez-vous jouir de toutes les prospérités que vous méritez ! N'oubliez pas, quoiqu'il arrive, de vous adresser à moi en cas de nécessité ; ce sera toujours pour moi un devoir et un plaisir de vous protéger. Du reste, avant votre départ prochain de New-York, vous recevrez un souvenir de ma part... Oh ! pas un mot ; j'ai bien voulu accepter votre présent, il faudra que vous acceptiez le mien. Madame ***, ma chère femme, à qui j'ai parlé de ces charmantes demoiselles, désire leur donner une marque du profond intérêt qu'elles lui inspirent. J'espère, comme disent les bonnes gens dans notre patrie commune, que nos petits présents vous porteront bonheur.

Il embrassa les jeunes filles et serra cordialement la main aux hommes.

Avant de se retirer les émigrants voulurent aussi remercier M. Girard de sa bienveillance, mais le secrétaire les arrêta :

— Oh! moi, dit-il affectueusement,

je compte vous voir encore une fois avant votre départ... Monsieur le consul voudra bien m'accorder quelques heures de congé afin que je prépare aussi mon cadeau... cadeau d'un pauvre aventurier, ajouta-t-il avec mélancolie, cadeau sans aucune valeur pécuniaire, et qui pourtant pourra vous être d'un grand secours.

Les émigrants se séparèrent de leur protecteur, les yeux humides de larmes et le cœur gonflé de reconnaissance.

Un peu plus tard les deux sœurs, retirées dans leur chambrette, pendant que Schmidt et Reber battaient la ville pour faire des acquisitions, s'entretenaient confidentiellement des événements de la journée.

— Julia, disait Kretle, ne devines-tu pas pourquoi le consul est pour nous un ami si fervent?

— Ainsi donc, Kretle, tu crois que nous devons cette puissante protection à....

— Nomme-le hardiment, ma sœur; à un homme dont l'âme est noble et généreuse, dont l'affection ne se laisse effrayer ni par l'immensité des distances, ni par la grandeur des obstacles, à Albert Lovendal.

Julia ne répondit pas et la regarda fixement :

Kretle la comprit sans doute et rougit :

— Julia, répliqua-t-elle, je sais qu'il

t'aime et n'aime que toi... quant à moi, s'il faut le dire, il est un dévouement que j'admire encore plus que celui de M. Albert; c'est celui de ce pauvre jeune homme, si généreux et si fier dans sa détresse, à qui nous devons déjà d'avoir évité de grands malheurs, et qui, j'en ai le pressentiment, nous en épargnera de plus grands dans l'avenir.

— Tu l'aimes donc, enfin? murmura Julia; oh! je t'en conjure, dis-moi que tu l'aimes!

— Pas encore, répliqua Kretle; mais j'ai pour lui tant d'estime et de reconnaissance...

— Oh! aime-le, aime-le, Kretle; et l'une et l'autre nous supporterons avec plus de fermeté les maux qui nous attendent encore.

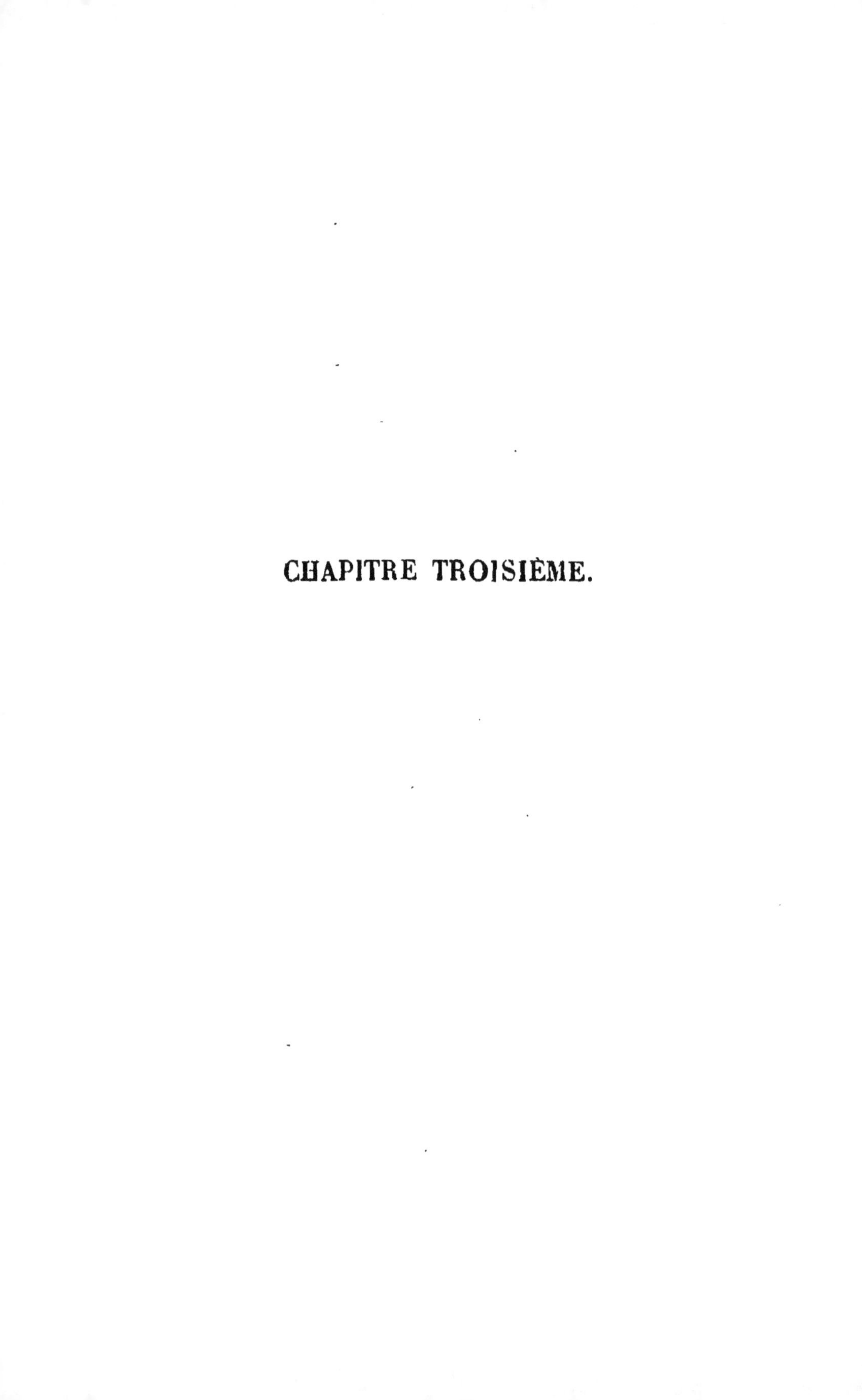

CHAPITRE TROISIÈME.

III

La Rixe.

Une partie de la matinée du jour du départ fut employée par Reber et par Schmidt à écrire en France les deux lettres convenues avec le consul. L'une, adressée au notaire Marais, contenait toutes les indications relatives à la cassette que l'on supposait cachée dans un cabinet de l'ancienne ferme de l'Arche, et engageait le notaire à s'entendre avec Albert Lovendal pour opérer les perquisitions nécessaires. L'autre, adressée à Albert lui-même, était écrite dans le même sens; en outre elle renfermait des protestations amicales de Reber, qui, sans entrer dans de pénibles détails, reconnaissait ses torts envers le fils du manufacturier, et le comblait de remercîments pour les services rendus à Kretle au gouffre de la Fosse et surtout au Havre. On glissa encore quelques mots pleins de convenance sur l'assistance que la famille avait trouvée dans le consul, agissant sans doute au nom de quelque ami inconnu, et on finit par inviter Lovendal à faire parvenir sa réponse en Amérique dans le plus bref délai.

Schmidt, comme on l'a dit, avait rédigé et écrit ces lettres que Reber signa; puis elles furent recouvertes d'épaisses et fortes enveloppes, scellées d'un triple cachet, et l'ancien fermier proposa de les porter lui-même au plus prochain grand bureau de poste, tandis que Schmidt aiderait les jeunes filles à fermer les malles.

On ne se souciait pas de laisser aller ainsi le bonhomme seul dans les rues de New-York : il ignorait la langue du pays et pouvait s'égarer, ce qui aurait présenté peut-être de graves inconvénients un jour de départ; mais Reber se récria d'un air fanfaron : il ne craignait rien ni personne; les rues étaient pleines de gens qui parlaient allemand, et il lui serait facile de se renseigner au besoin ; d'ailleurs il aurait sa canne, sans laquelle il ne sortait jamais, et enfin il prendrait en passant, dans une taverne voisine, son ami Burgwillers pour l'accompagner. Il plaça donc les deux lettres dans la poche de son gilet et sortit en annonçant qu'il serait bientôt de retour.

Il trouva en effet Burgwillers dans sa taverne de prédilection, et après avoir bu ensemble quelques verres de bière, ils se dirigèrent vers la haute ville, en causant avec entrain de défrichements, de cultures, d'apprivoisement de bisons, de fermes modèles et autres sujets de ce genre.

Ils étaient dans le feu de la discussion, indifférents à tout ce qui se passait autour d'eux, quand tout à coup, au détour d'une rue, ils se trouvèrent face à face avec un gentleman fort bien vêtu qui s'avançait vers eux, le nez au vent; c'était Hermann.

Sans doute le courtier des émigrants,

n'eût pas été fâché d'éviter les deux amis, qu'il savait peu endurants par caractère; mais ils s'étaient arrêtés court et le regardaient avec des yeux étincelants. Confiant dans son adresse ordinaire, il crut devoir payer d'audace.

— Bonjour, papa Reber, dit-il d'un ton à la fois protecteur et familier en les abordant; enchanté de vous voir, Burgwiliers... Vous voilà donc en Amérique? Eh bien! n'avais-je pas raison de vous dire que c'était le plus magnifique pays du monde? à vous voir si frais et si florissants, on peut juger déjà que le climat ne vous est pas du tout contraire.

Et comme les deux émigrants, déconcertés par tant d'effronterie, ne se hâtaient pas de répondre, il poursuivit de même :

— Mais qu'avez-vous donc à me regarder ainsi l'un et l'autre? Voyons, est-ce que vous m'en voudriez pour les difficultés survenues entre vous et monsieur William Bell, mon associé, au sujet de ces terrains du Kansas? J'en ai été bien peiné, je vous assure; et en arrivant ici, mon premier soin a été de signifier à M. Bell qu'il eût à ratifier les marchés, car mon honneur était engagé dans cette affaire. Je dois lui rendre justice, il s'est exécuté de bonne grâce, et il s'est empressé, comme il convient entre associés, de se rendre à mes raisons. Vous avez donc obtenu satisfaction entière, et de quoi pourriez-vous vous plaindre?

Reber n'osait donner libre cours à sa colère, et il se contenta de lâcher à demi-voix un juron énergique; mais Burgwillers se laissa prendre aux protestations du fourbe :

— Quoi donc, monsieur Hermann, répliqua-t-il, est-ce vous qui avez mis à la raison ce damné de M. Bell? Nous croyions devoir ce résultat à l'intervention du consul de France...

— Eh! que diable le consul de France avait-il à voir en pareille affaire? répliqua Hermann en redoublant d'aplomb; je vous le répète, Burgwillers, seul j'ai obtenu la ratification de ces marchés si avantageux pour vous tous. Dites le bien à nos compatriotes, mon ami, et qu'ils l'écrivent à leurs familles au pays...

— Mon cher Reber, poursuivit-il,

vous ne m'avez pas donné encore des nouvelles de votre aimable famille : La bonne vieille grand'mère pense-t-elle toujours aux amoureux? Julia et Kretle, sont-elles toujours jolies? Et l'inséparable Schmidt, que devient-il?

Cette fois Reber ne put se contenir.

— La grand'mère est morte, répliqua-t-il brusquement, morte étouffée dans l'infernal navire où vous nous aviez claquemurés, et peu s'en est fallu que mes pauvres filles n'eussent le même sort... Mais ce n'est pas de cela qu'il s'agit, maître Hermann : j'ai des explications à vous demander au sujet de l'excellent dîner que vous nous donnâtes au Havre... vous en souvenez-vous?

Hermann était loin d'être à l'aise.

comme on peut croire ; cependant il répliqua tranquillement :

— Ce n'est pas la peine de parler de cela, papa Reber ; mais comme nous eûmes du guignon à la suite de ce dîner ! Savez-vous que cette pauvre demoiselle Kretle faillit ne pas partir ? Nous nous égarâmes en revenant au quai, et je fus bien chagrin de ce malheureux hasard ; mais tout s'arrangea pour le mieux. Kretle trouva un canot qui la conduisit à bord, et...

— Un hasard! répliqua Reber dont la colère s'exaltait à mesure qu'il parlait; appelez-vous cela un hasard, drôle? N'ai-je pas deviné quel était votre abominable projet, de complicité sans doute avec ce brutal de capitaine Davidson?.... Tenez, montrez-moi les talons au plus vite, car je sens que je ne serais plus maître de moi... Venez-vous, Burgwiller?

Et il voulut entraîner son compagnon. Mais l'ancien marquard ne voyant dans tout ceci qu'une querelle frivole, crut devoir intervenir comme pacificateur.

— Allons, allons, voisin Reber, dit-il d'un ton conciliant, vous vous montrez un peu vif avec monsieur Hermann. Si cependant il n'était pour rien, comme il l'affirme, dans les chicanes de ses associés?

— Il ne s'agit pas de cela, voisin Burgvillers, il y a bien autre chose entre ce coquin et moi!... je le méprise comme la boue, et si je ne me retenais pas...

Reber serrait convulsivement son bâton. Hermann, rassuré par l'attitude pacifique du marquard, poursuivit avec ironie :

— Oui-dà, mon cher, prétendriez-vous me traiter comme vous avez traité M. Albert Lovendal? Nous ne sommes pas ici dans les Vosges, et si vous aviez l'audace de me frapper, vous pourriez vous en repentir.

— Et c'est parce que je me suis repenti d'avoir été trop prompt dans la circonstance dont vous parlez que je ne vous ai pas encore traité suivant vos mérites, maître Hermann; mais, croyez-moi, ne m'échauffez pas la bile : les infamies que j'ai à vous reprocher et celles plus grandes encore que je soupçonne peuvent me venir à la mémoire, et alors. .

Hermann avait fini par attribuer à une secrète timidité la modération de son adversaire.

— Monsieur Reber, dit-il d'un ton fier, il est au-dessous de moi de relever de grossières injures. Avant de le prendre sur ce ton, vous auriez dû vous souvenir des services que je vous ai rendus, à vous, en vous tirant des griffes de Nathan et en vous fournissant les moyens de rétablir votre fortune; à l'une de vos filles lors de la catastrophe du gouffre de la Fosse.

— Votre générosité envers moi me paraît suspecte, depuis que je vous connais mieux; quant à l'autre affaire vous daignâtes, en effet, vous mouiller les pieds au gouffre, tandis que M. Albert se mettait à la nage et que Schmidt se plongeait tout entier dans l'eau glacée: mais vous aviez peut-être encore vos raisons pour affecter ce beau dévoûment, raisons que j'ai seulement entrevues; car si j'acquérais une certitude... Et d'ailleurs, poursuivit-il en baissant la voix, si vous eûtes au gouffre de la Fosse le moindre sentiment louable, ne l'avez-vous pas effacé par votre indigne conduite le jour de notre départ du Havre?

— Bon! répliqua Hermann, voilà bien du bruit pour des galanteries innocentes débitées à une petite fille que l'on m'avait laissée sur les bras! Sans doute la demoiselle, afin de se rendre intéressante, aura imaginé le plus beau roman du monde. Entre nous, pourtant, il ne lui convient pas de se montrer si farouche!

Ces insolentes paroles n'étaient pas achevées que la canne de Reber tombait sur les épaules de l'insulteur avec violence et s'y brisait.

Hermann, se sentant frappé, s'élança sur son adversaire pour le renverser. Reber, de son côté, jeta les tronçons de sa canne devenue inutile, et ils se prirent corps à corps.

Ils tentèrent mutuellement de se renverser, malgré les cris et les efforts de Burgwillers, et luttèrent quelques instants avec des chances diverses; Reber était évidemment le plus robuste, mais Hermann était plus souple et plus alerte. Enfin, ils tombèrent l'un et l'autre sur le trottoir; mais Hermann avait le dessous et sa tête porta contre une dalle avec force; aussitôt le sang lui sortit en abondance du nez et de la bouche, et il demeura sans mouvement.

Cette lutte avait attiré, comme on peut croire, de nombreux spectateurs ; mais les événements de ce genre sont trop communs en Amérique pour émouvoir beaucoup les passants. Surtout les assistants se gardaient bien d'intervenir ; d'après les idées locales, c'eût été une haute inconvenance d'empêcher ces deux hommes de s'entre-tuer, si telle était leur fantaisie. Seulement, plusieurs amateurs de boxe se tenaient à distance, afin de juger les coups; mais sans doute ils n'étaient pas satisfaits du résultat de leurs observations, car on eût pu entendre l'un d'eux murmurer flegmatiquement :

— Mauvais! mauvais! ils n'ont pas le moindre principe du *boxing*... Je gagerais que ce sont des Français; ces gens-là ne savent pas donner un coup de poing dans les règles. Que diable! quand on est si novice, on ferait mieux d'employer le revolver.

Reber, aveuglé par la fureur, frappait son adversaire renversé, sans s'apercevoir que Hermann était incapable de se défendre.

Vainement Burgwillers lui criait :

— Assez, voisin, assez... Je vous dis que le pauvre diable a son compte.

Reber allait toujours, quand son ami eut la pensée d'ajouter :

— Au nom de Dieu! Reber, .songez à votre famille! qu'arriverait-il d'elle si vous aviez fait un malheur?

CHAPITRE QUATRIÈME.

IV.

La Rixe (suite).

Cette fois l'émigrant s'arrêta et se releva, épouvanté lui-même de sa victoire.

Néanmoins il ne fuyait pas, en dépit des instances réitérées de Burgwillers, quand plusieurs voix s'écrièrent dans la foule :

— Le policeman ! le policeman !

En effet un homme de police s'avançait à grands pas vers les combattants.

Reber comprit aussitôt les conséquences terribles qu'aurait son arrestation, et sa présence d'esprit lui revint. Il prit à peine le temps de ramasser son chapeau tout défoncé, glissa son bras sous celui de Burgwillers; puis l'un et l'autre se mirent à courir dans la direction opposée à celle que suivait l'agent de la force publique.

Cette manœuvre fut merveilleusement favorisée par la foule, pleine d'indulgence, comme nous l'avons dit, pour les rixes de ce genre. Pendant qu'une partie, sous prétexte d'entourer le vaincu, faisait obstacle au passage du policeman, l'autre s'ouvrait complaisamment pour laisser le vainqueur s'échapper. Grâce à cette connivence tacite, les deux amis furent bientôt loin, et ils se perdirent au milieu des gens affairés qui remplissent les rues de la populeuse cité de New-York.

Il leur fallut quelque temps pour se remettre de cette alerte. Enfin, après s'être ssurés qu'on ne les poursuivait pas, ils s'assirent sur le banc d'un square, et Reber dit en essuyant son front baigné de sueur.

— Je l'ai tué, voisin... ne croyez-vous pas que je l'ai tué ?

— Non, certes, répliqua Burgwillers ; j'ai regardé par-dessus mon épaule au moment où nous tournions l'angle de la rue, et j'ai très-bien vu que le courtier, après s'être relevé, marchait appuyé sur le policeman... Il en réchappera, mais la correction a été rude, et vraiment Reber, vous auriez dû ne pas frapper si fort.

— Puisqu'il n'est pas mort, je ne m'en repens pas. Vous ne savez pas, voisin, combien ce brigand a mérité une correction ! J'ai maltraité bien davantage un brave jeune homme, qui, au contraire m'avait rendu les plus signalés services; mais il n'y a pas là de quoi se vanter... Quant à cet Hermann, il a bien gagné sa volée; aussi n'y pensons plus et occupons-nous de nos affaires.

Les deux amis, après avoir réparé le désordre de leurs vêtements, poursuivirent leur chemin. Ils atteignirent bientôt le bureau de poste, et Reber voulut jeter ses deux lettres à la boite; mais qu'on juge de son inquiétude quand il s'aperçut que la lettre adressée au notaire Marais était seule restée dans sa poche! l'autre, adressée à Albert Lovendal, avait disparu. Le pauvre homme se fouilla, mais inutilement.

— Quelle fatalité! dit-il, cette lettre

sera tombée de ma poche pendant que je me bousculais avec Hermann .. Ce vaurien-là me portera donc toujours malheur?

— Je me souviens, en effet, répondit Burgwillers, d'avoir vu une lettre par terre à côté de votre canne brisée ; nous nous sommes sauvés si précipitamment que je n'ai pu la ramasser... Mais bah! si celle-là est perdue, vous en récrirez une autre.

— Elle contenait un secret de la plus haute importance, et Dieu sait en quelles mains elle aura pu tomber... Pourquoi même Hermann ne s'en serait-il pas emparé? Dans ce cas, j'aurais fort à regretter notre rencontre.... Maudit emportement! me causeras-tu toujours de nouveaux embarras?

— Hermann était trop maltraité pour songer à relever ce papier; à peine pouvait-il se tenir debout, et certainement il y voyait trouble. Il est plus probable qu'un passant, ayant trouvé la lettre l'aura jeté à la poste, comme vous et moi nous ferions en pareille circonstance.

— Espérons-le, reprit Reber en soupirant; cependant je ne suis pas tranquille, et je vais bien vite chez nous pour consulter Schmidt sur cette difficulté nouvelle. Mon Dieu! mes chagrins et mes tribulations ne finiront donc jamais?

Il mit à la poste la lettre qui lui était

restée, puis les deux amis retournèrent sur leurs pas, en évitant la rue où venait d'avoir lieu la collision. Quand ils furent à quelque distance de la maison de madame Kastner, Burgwillers prit congé de son compagnon, et, après s'être donné rendez-vous pour le départ du soir, ils se séparèrent.

Reber aperçut dans la salle basse deux mulâtres qu'il savait appartenir à la domesticité du consul; ne doutant pas qu'il ne fût arrivé un message de son protecteur, il s'empressa de monter à la chambre de ses filles. Il les trouva occupées avec Schmidt à examiner le contenu de plusieurs paquets volumineux que l'on venait d'apporter. M. Girard, assis sur une chaise dans un coin de l'étroit réduit, leur expliquait l'usage de divers objets, nouveaux pour elles, qui étaient étalés sur tous les meubles.

Les deux sœurs semblaient tellement ravies de cette espèce d'inventaire, qu'elles ne remarquèrent pas d'abord la mine bouleversée du fermier. Elles coururent au-devant de lui et s'écrièrent avec transport :

— Ah! père, venez voir les beaux présents que nous envoient monsieur le consul et l'excellente dame son épouse! Il y en a pour vous, pour notre bon Schmidt et aussi pour nous. Notre bienfaiteur semble avoir dépouillé à notre intention tous les magasins de New-York!

Reber, en dépit de ses préoccupations, jeta un regard de curiosité sur cet étalage; mais il eut la délicatesse d'aller d'abord à M. Girard et de lui faire un accueil amical.

— Ces demoiselles se trompent, dit le secrétaire, il n'y a là rien de précieux. M. le consul et sa femme ont voulu seulement vous offrir des choses d'une incontestable utilité dans votre position actuelle, et, s'il faut le dire, j'ai moi-même peut-être éclairé leur choix à cet égard. Des objets de luxe ne vous serviraient de rien au milieu des solitudes où vous allez vivre désormais, et c'est à l'usage que vous connaîtrez le prix de certaines bagatelles.

Reber put enfin sans inconvenance examiner à son tour l'envoi du généreux consul. Il s'y trouvait, nous l'avons dit déjà, des présents pour chacune des personnes qui devaient composer la future colonie, et monsieur D***, avec un tact exquis, avait traité Reber et Schmidt comme deux frères. Ainsi par exemple, il offrait à chacun d'eux un double habillement de *westmann* (homme de l'Ouest), l'un en gros drap pour résister à l'hiver court mais rigoureux, de la portion de l'Amérique où l'on devait s'établir, l'autre en une espèce de toile du pays, légère, quoique d'une solidité à toute épreuve, pour aller au travail pendant les ardeurs de l'été. Des couvertures de laine rayées et plusieurs paires de fortes chaussures complétaient ces costumes tout à fait appropriés aux exigences du climat.

On n'avait pas non plus oublié les armes indispensables dans les lointaines régions de l'Ouest. Les ballots contenaient deux excellents revolvers et deux de ces puissantes carabines du Kentuky appelées *riffles*, qui, dans les mains de certains chasseurs américains, sont si redoutables. A côté des armes se trouvaient les remèdes propres à guérir les blessures qu'elles font : une boîte de pharmacie renfermait les substances les plus importantes en médecine, avec une courte instruction en allemand pour apprendre à les administrer. Enfin des livres sur l'agriculture des États-Unis, les uns en français, les autres en allemand, la plupart en anglais, mais accompagnés de vocabulaires qui pouvaient en faciliter l'usage terminaient la liste des cadeaux destinés à Schmidt et à Reber.

Les jeunes demoiselles n'étaient pas moins bien partagées. Outre plusieurs pièces d'étoffes dont elles pourraient se faire des ajustements quand elles seraient arrivées à destination, elles avaient des nécessaires garnis de tous les petits ustensiles indispensables aux bonnes ménagéres, des approvisionnements de fil, de rubans, de coton; des monceaux d'épingles, d'aiguilles, de lacets, une mercerie complète. Et quoique elles n'eussent qu'une vague idée de leur condition future, elles comprenaient pourtant que ces futilités, qu'on se procure si aisément dans les villes seraient d'une valeur immense dans le pays lointain où elles allaient être confinées.

Reber examina d'un air distrait toutes ces richesses; néanmoins il pria le secrétaire d'exprimer sa vive reconnaissance et celle de sa famille à M. et à Mme ***, il voulut remercier Girard lui-même de ses bons procédés.

— Attendez du moins, monsieur Reber, répliqua Girard, que je vous aie fourni des motifs de remercîments. J'ai reconnu déjà mes torts envers vous, pour avoir prêté l'oreille aux sollicitations de Schmidt qui voulait vous quitter, et j'ai promis de les réparer de mon mieux; mais jusqu'ici j'ai agi au nom de mon honorable patron, le consul de France; je vais maintenant vous offrir mon cadeau personnel.

— Un cadeau de votre part, cher monsieur Girard? demanda l'émigrant avec surprise; et à quel titre, je vous prie? Je ne dois pas l'accepter.

— Vous ne savez pas ce que vous refusez, dit Girard en souriant; mes présents ne sont pas de nature à blesser votre fierté; et, à votre défaut, monsieur Schmidt, tout scrupuleux qu'on le dise, ne les repousserait pas.

Il tira de sa poche un petit cahier chargé d'un bout à l'autre d'une écriture fine et serrée, une lettre cachetée, et enfin une pipe indienne, à tête de terre d'un travail grossier et à tuyau de roseau.

— Voilà tout, poursuivit-il. Cela ne pourrait pas se vendre deux pences au marché, et cependant j'ai l'orgueil de penser que mon cadeau ne vous sera pas moins utile que celui du consul lui-même.

Puis, remarquant l'étonnement de Reber et de Schmidt, ainsi que le sourire un peu moqueur des jeunes filles:

— Ce griffonnage, reprit-il en désignant le cahier, est le produit de mon travail pendant une partie de la journée d'hier et pendant toute la nuit dernière. J'ai consigné dans cet écrit mes observations sur le pays reculé et peu connu où vous devez vous établir; je vous y donne des renseignements exacts sur le climat, sur ses habitants, sur les modes de culture à employer, sur les dangers que vous devez craindre, sur la manière de vous conduire dans les diverses circonstances où vous pouvez vous trouver placés. Je vous livre le résultat de plusieurs années d'expérience, et sans aucun doute mon travail ne vous sera pas inutile.

CHAPITRE CINQUIÈME.

V

La Rixe (suite).

Reber et ses filles elles-mêmes comprirent aussitôt l'importance d'un pareil écrit; mais nul ne fut aussi satisfait que Schmidt.

— Merci! monsieur Girard, s'écria-t-il avec transport; un lingot d'or, en effet, ne pourrait avoir pour nous plus de prix que ce cahier. Pendant la route je vais le lire et le relire cent fois, jusqu'à ce que je le sache par cœur. Mon ami M. Reber vous devra peut-être le succès de son entreprise.

— Je ne dis pas non; certains émigrants eussent évité bien des misères s'ils avaient eu quelqu'un pour leur montrer le véritable état des choses... Mais ce n'est pas tout : j'ai songé à vous trouver là-bas un ami dévoué qui vous initiât promptement à la vie des colons. La lettre que voici est adressée à un de mes anciens camarades d'aventures. Je ne sais pas son nom de famille ; on l'appelle seulement Tête-de-Feu, à cause de son caractère impétueux, et il répond volontiers à ce nom. Il résidait autrefois dans un canton qui ne doit pas être très-éloigné de la ville actuelle de Stockton ; mais il est douteux qu'il y demeure encore, car Tête-de-Feu a des goûts extraordinairement nomades. Du reste, il est si connu dans le pays, que vous n'aurez aucune peine à le trouver.

— Et quel homme est-ce, monsieur Girard? demanda Reber avec curiosité.

— Au premier aspect, il ne plaira peut-être guère à ces charmantes demoiselles; mais il ne faudra pas le juger sur une première impression. Il est Français comme nous; quant à la position sociale qu'il a occupée autrefois, et aux causes qui l'ont déterminé à s'établir en Amérique, c'est ce dont on ne songe guère à s'informer dans la vie périlleuse du désert. Il est moitié colon, moitié chasseur ; mais il préfère le fusil à la bêche, et il couche plus souvent dans la prairie ou sous le couvert des forêts vierges que dans une habitation. Au demeurant, il est brave jusqu'à la folie, dévoué jusqu'à la mort pour ceux qu'il aime, et terrible pour ceux qui l'ont irrité.

— Hum ! dit Reber, comme cela, il ne serait pas prudent de l'irriter ?

— Cette lettre de moi le rendra doux comme un mouton à votre égard. Dès qu'il saura que vous êtes des amis de l'Aigle-Rusé (c'est le nom que les Indiens et les coureurs des bois m'avaient donné là-bas au Kansas), il vous appartiendra corps et âme, et sa protection ne sera pas à dédaigner dans ces contrées lointaines, où la force et l'adresse ont plus de pouvoir que les lois.

La famille émigrante ne paraissait pas partager complétement la confiance de Girard dans son ancien camarade. Le secrétaire s'en aperçut.

— Vous ne serez pas arrivés depuis deux jours à votre résidence nouvelle, dit-il en hochant la tête, que vos idées se modifieront sur bien des points... Mais si vous êtes si mal disposés pour ce pauvre Tête-de-Feu, qu'éprouverez-vous donc au sujet d'un autre ami dont je veux vous concilier aussi les bonnes grâces, celui qui m'a donné ce calumet dont, à mon tour, je vous fais présent?

Et il montrait la pipe indienne qu'il avait apportée.

— A en juger par le gage d'amitié qu'il vous a laissé, dit Reber, il doit être à peine moins civilisé que l'autre?

— Celui-là est un Indien de la tribu des Pawnies, appelé le Daim-Léger. Il pourrait vous être d'un grand secours s'il vous survenait des démêlés avec vos voisins sauvages.

— C'est sans doute, demanda Schmidt, un de ces Indiens *mansos* qui fréquentent les établissements européens, et qui, pour un peu d'*eau de feu*, se mettent au service des blancs?

— C'est au contraire un redoutable guerrier, ennemi des visages pâles qu'il accuse d'avoir envahi les territoires de sa tribu, et il vous scalperait en un tour de main si vous l'offensiez. Vous conter comment j'ai fait connaissance avec Daim-Léger serait une trop longue histoire; sachez seulement qu'il me doit d'avoir lui-même conservé sa chevelure, car il n'y avait plus guère que l'épaisseur d'une feuille de papier entre sa tête et le couteau à scalper d'un Iowai quand je vins à son secours en tuant l'Iowai. En souvenir de ce service il me donna cette pipe, et elle sera pour vous un talisman préservateur, non-seulement contre Daim-Léger, mais encore contre sa tribu. Du reste, vous trouverez à la fin de mon cahier d'instructions les renseignements nécessaires pour que vous puissiez vous mettre en rapport avec Tête-de-Feu et Daim-Léger, en cas de besoin.

Schmidt prit la pipe et la serra religieusement, ainsi que les papiers. Néanmoins, ces détails avaient produit une fâcheuse impression sur la famille Reber, en lui laissant entrevoir les dangers de la vie du désert. Les jeunes filles étaient consternées; Reber lui-même avait la voix un peu tremblante quand il reprit en affectant la gaieté :

— A en juger par ces deux échantillons de vos amis, monsieur Girard, vous avez fréquenté une société un peu mêlée dans le Kansas... Cependant, merci encore une fois Nous n'oublierons ni vos recommandations ni vos conseils, et, dans l'occasion, nous au rons recours à vos anciennes connaissances, bien qu'à vrai dire je ne tienne pas à me rapprocher d'elles sans une absolue nécessité.

— Bah! vos idées, je vous le répète, ne tarderont pas à changer sur beaucoup de choses. et vous vous apercevrez bientôt que *mes amis* ne sont pas à dédaigner... Et maintenant, poursuivit-il en se levant, ma tâche est finie; il ne me reste plus qu'à vous faire mes adieux et à vous souhaiter toutes sortes de prospérités.

Il se disposait à sortir, en effet, quand Reber, qui, malgré la gravité de cet entretien, s'était montré jusque-là distrait et préoccupé, le retint amicalement.

— Un moment encore! monsieur Girard, lui dit il; vous avez été plein de bonté pour nous, et je désire vous consulter au sujet d'une aventure qui vient de m'arriver tout à l'heure.

— Une aventure? Contez-nous cela, dit le secrétaire en se rasseyant.

Reber lui apprit alors comment, ayant rencontré Hermann dans la rue, une querelle, bientôt suivie d'une lutte, s'était élevée entre eux. A cet endroit du récit, les deux sœurs l'interrompirent:

— Ah! mon père! mon père! s'écria Julia d'un ton de reproche, est-ce là ce que vous nous aviez promis?

— Je hais plus que la mort celui dont

vous parlez, dit Kretle à son tour, mais deviez-vous vous laisser aller à de tels excès? Ne vous êtes-vous pas déjà repenti de vous être livré à de pareilles violences?

—Le cas dont tu parles, ma fille, était bien différent: cette fois, il s'agissait d'un chenapan abominable qui ne mérite aucun ménagement, aucune pitié... Allons, ne me grondez pas, mes petites, toi surtout, ma chère Kretle, car c'est justement pour lui imposer silence à ton sujet...

L'émigrant s'arrêta tout à coup en voyant quel coup cet aveu irréfléchi avait porté à la pauvre Kretle. Elle pâlit et retomba sur son siége en poussant un gémissement douloureux.

Julia courut embrasser sa sœur et lui glissa quelques mots à l'oreille; puis, revenant vers Reber :

—Vous êtes pardonné pour cette fois, reprit-elle; mais, je vous en conjure, mon père, promettez-moi de ne plus vous servir de votre terrible bâton!

— Cette habitude pourrait avoir de grands inconvénients là-bas, sur les bords de la rivière Jaune, ajouta Girard; vous y trouverez des gens peu endurants et fort disposés à répondre à un coup de bâton par un coup de carabine ou de couteau.

— Je n'ai déjà que trop sujet, répliqua Reber, de maudire mon emportement.

Et il raconta comment la lettre adressée à Lovendal avait disparu.

— Monsieur Reber, demanda vivement Schmidt, croyez-vous que cette lettre aurait pu tomber entre les mains d'Hermann? Ce serait un grand malheur, car s'il venait à connaître le secret qu'elle contient...

— Burgwillers affirme que le drôle était hors d'état de profiter d'une pareille découverte, quand même il l'aurait faite.

— Nous n'en devons pas moins prendre des précautions. J'ai conservé le brouillon de cette lettre; il faut nous hâter de la récrire, et mettre M. Albert sur ses gardes.

— Cette mesure est fort sage, dit le secrétaire; mais, à mon avis, il en est une autre non moins urgente, c'est que M. Reber quitte cette maison au plus vite et se tienne caché jusqu'au moment du départ.

— Quoi donc! monsieur, notre père serait-il exposé...

— Je crois Hermann capable de tout.

Les rixes semblables à celle dont il s'agit sont fort communes dans les rues de New-York, et d'ordinaire on n'y donne aucune suite; mais, dans le cas actuel, il est à craindre, monsieur Reber, qu'Hermann ne vous suscite certains embarras. Il lui est facile, par son associé William Bell, de connaître votre adresse. et, sachant que vous devez partir ce soir avec les autres émigrants, il pourrait avoir la fantaisie de retarder désagréablement votre voyage.

— C'est vrai, et cette idée devra lui venir... Mais alors que faire?

— Rien de plus simple : pendant que Schmidt va récrire lestement la lettre, vous vous revêtirez d'un de ces costumes de westman que je viens d'apporter; ce gros surtout et cet ample chapeau vous rendront méconnaissable, et alors vous pourrez affronter les regards de tous les policemen de New-York, qui sont loin d'avoir la finesse des gens de police français ou anglais. Schmidt devra se charger seul d'achever l'emballage des effets et de conduire ces demoiselles au chemin de fer; vous, mon cher Reber, vous allez venir avec moi, et je m'engage à vous ramener ce soir sain et sauf à la gare, où vous retrouverez votre famille.

Kretle et Julia se lamentaient; mais M. Girard leur persuada qu'il s'agissait seulement d'une mesure de précaution, et il parvint à les rassurer.

L'ancien fermier revêtit le costume convenu, et véritablement alors on l'eût pris plutôt pour un colon venu de l'Ouest vendre ses produits à la ville, que pour un nouveau débarqué. Pendant ce temps, Schmidt avait récrit la lettre destinée à

Albert Lovendal, et ajouté un post-scriptum qui expliquait le sort de la première.

—Nous nous chargerons nous-même de jeter cette lettre à la poste, dit Girard; M. Reber n'aura pas grand'chose à craindre dès qu'il sera hors de cette maison... Mais partons, car nul ne sait ce qui peut arriver d'un moment à l'autre!

Reber prit à peine le temps d'embrasser ses filles, tandis que le secrétaire donnait à Schmidt ses dernières instructions afin d'éviter les malentendus. Avant de sortir de la maison, Girard voulut lui-même précéder l'émigrant, pour congédier les domestiques du consul, restés dans la salle basse, et aussi pour s'assurer qu'aucun homme de police ne rôdait dans la rue. Il revint bientôt chercher son compagnon, et tous les deux quittèrent la maison Kastner sans avoir été inquiétés.

Leur premier soin fut d'aller jeter à la poste la lettre destinée à Lovendal.

omme ils passaient près de la rue où la rencontre avait eu lieu, Girard se fit indiquer exactement la place par Reber.

— Cela se trouve à merveille, lui dit-il; vous étiez précisément devant le magasin d'un Français de ma connaissance, et là on pourra me donner des renseignements précieux sur ce qui fait l'objet de vos inquiétudes... Je vais aller aux informations... Pour vous, comme il serait imprudent de vous montrer sur le théâtre de la lutte, malgré votre déguisement, attendez-moi ici. Surtout, je vous en conjure, pas de nouvelle querelle!

CHAPITRE SIXIEME

VI.

La Rixe (suite.)

Reber le promit, et se mit à examiner curieusement les boutiques en attendant Girard. Celui-ci se dirigea seul vers la maison indiquée, et entra dans le magasin, rempli de ces futilités élégantes qui sont dues à l'industrie parisienne. Aussitôt le patron, qui reconnut le secrétaire du consul de France, vint au-devant de lui avec empressement afin de lui offrir ses services.

— Il ne me faut rien aujourd'hui, monsieur Langlois, dit Girard après avoir échangé avec son compatriote une poignée de main; je désire seulement m'informer auprès de vous d'un événement qui se serait passé, il y a une heure à peine, là, devant votre porte.

— Ah! vous voulez parler de cette batterie entre un pauvre diable qui avait l'apparence d'un émigrant, et un autre Français Quoi donc! une plainte aurait-elle été portée au consulat? C'est chose si ordinaire ici qu'une rixe dans la rue, que je n'eusse pas quitté mon comptoir pour si peu; mais j'ai entendu ces gens parler notre langue, quoique je ne pusse comprendre ce qu'ils se disaient, et je suis sorti sur le seuil de la porte par curiosité.

— Eh bien! monsieur Langlois, auriez-vous connaissance par hasard d'une lettre qui serait tombée de la poche d'un des combattants, et qui serait restée sur le champ de bataille?

— Ah! je sais ce que vous voulez dire... En effet, un de mes commis, au moment où le vaincu s'éloignait, a trouvé sur le trottoir une lettre toute froissée. Il l'a ramassée, et, courant après le pauvre diable, qui, comme vous le pensez, n'était pas bien ingambe, il lui a demandé si ce papier lui apparenait. L'autre a jeté un coup d'œil sur la suscription : « Oui, oui, » a-t-il répondu d'une voix qui avait retrouvé tout à coup sa vigueur. Puis il a mis la lettre dans sa poche, et il est parti avec le policeman.

— Merci, M. Langlois; et vous pourrez au besoin rendre témoignage de ce fait, n'est-ce pas? Il suffit; je sais ce que je voulais savoir.

Il prit congé du commerçant, et rejoignit Reber.

— Allons, lui dit-il tristement, mes craintes se réalisent: la lettre est entre les mains d'Hermann, il n'y a plus à en douter.

— Que la foudre m'écrase! dit Reber furieux contre lui-même; quelles sottises ma maudite tête m'a fait commettre déjà!

— Prenez soin, mon ami, qu'elle ne vous en fasse pas commettre d'autres dans l'avenir!... Mais ne vous désespérez pas, rien n'est encore perdu. M. Lovendal est prévenu, et il agira en conséquence. Peut-être aussi Hermann se trouve-t-il trop maltraité pour écrire en France aujourd'hui même. Or, nos lettres partiront cette nuit par le paquebot, et, à supposer que votre adversaire fût en état d'écrire par la malle prochaine, nous aurions encore gagné sur lui plusieurs jours qui pourraient tout sauver, si vos amis de France ont du zèle et de la décision.

Girard parvint ainsi à consoler un peu l'émigrant et à relever son esprit abattu.

Ils passèrent tranquillement le reste de la journée dans un bar-room de la ville basse. L'heure arriva d'aller rejoindre à la gare du chemin de fer Schmidt et les jeunes filles, qui avaient dû s'y rendre de leur côté avec les bagages. Si Hermann avait porté plainte contre Reber, c'était là sans doute qu'on guetterait l'émigrant afin de mettre le mandat à exécution. Aussi Girard lui recommanda-t-il de se tenir sur le qui-vive.

Ils traversèrent l'Hudson pour atteindre la gare du railway de Saint-Louis;

cette gare, comme la plupart de celles des États-Unis, était simple et sans ornements, quoique vaste. Les deux amis pénétrèrent sans difficulté dans la salle d'attente, où se pressait déjà une foule de voyageurs; mais alors ils reconnurent combien les précautions leur étaient nécessaires : plusieurs policemen, postés près du guichet de recette, examinaient avec une grande attention les émigrants qui venaient chercher leur *ticket* pour le départ. En même temps ils aperçurent Kretle et Julia: assises sur un banc, elles regardaient de tous côtés d'un air d'inquiétude, pendant que

Schmidt s'occupait sans doute de prendre les billets et de faire charger les bagages.

Il n'y avait aucun inconvénient à ce que les demoiselles Reber demeurassent seules un moment dans la gare, l'usage du pays étant de laisser la plus entière liberté aux jeunes filles ; cependant le premier mouvement de Reber fut de courir à elles ; Girard le retint.

— Cachez-vous derrière les groupes, lui dit-il, et laissez-moi faire.

Reber, en effet, se perdit dans la foule, en enfonçant son chapeau sur ses yeux. Le secrétaire s'approcha seul des deux sœurs, et, passant devant elles sans affectation, il leur dit à voix basse :

—Tout va bien; mais n'ayez pas l'air de me connaître, car on nous observe. Dites à Schmidt de prendre le ticket de votre père.

Et il s'éloigna. Au même moment, Schmidt arrivait d'un autre côté, et recevait les instructions des demoiselles Reber.

Cependant Girard s'était approché d'un air indifférent de celui des policemen qui semblait être l'officier de l'escouade. L'officier, en reconnaissant le secrétaire du consul de France, s'empressa de saluer avec toute la politesse dont un Américain est susceptible.

— Ah çà! monsieur John, demanda

Girard d'un ton familier, et en anglais, seriez-vous ici à l'intention de quelqu'un de mes compatriotes?

— Eh! eh! monsieur Girard, répliqua le policeman en ricanant, il pourrait bien y avoir quelque chose comme cela.

— Une affaire grave?

— Bah! une misère, une simple batterie... Mais il s'agit d'un gentleman qui est rancunier et qui paye bien. Aussi je guette mon coquin de Français qui doit partir ce soir pour Saint-Louis, et il sera bien habile s'il parvient à me glisser entre les doigts.

— Fort bien ! monsieur John ; mais je suis là, et je ne laisserai pas vexer un de mes nationaux, à moins de bonnes raisons pour cela, je vous en avertis.

— Oh ! je ne crains rien, monsieur Girard ; vous verrez mon warrant, s'il y a lieu ; je suis en règle.

Girard salua de la main et s'éloigna en affectant toujours une grande indifférence. Au moment où Schmidt, qui revenait de prendre les billets au guichet, se trouva près de lui, le secrétaire reçut rapidement le ticket destiné à Reber et se dirigea vers la partie de la salle où devait l'attendre l'émigrant. Toutefois le policeman avait sans doute des soupçons, car Girard s'aperçut qu'on le suivait des yeux, et force lui fut de ne pas aborder directement son compatriote en péril.

Heureusement un accident, fort ordinaire dans les gares de New-York, vint détourner l'attention des gens de police. Plusieurs émigrants, alléchés par le bon marché, avaient acheté à des *runners* de faux tickets de chemins de fer; les pauvres diables, en présentant ces tickets, venaient d'acquérir la preuve qu'on les avait indignement trompés. Leur navrant désespoir, leur fureur, leurs cris causèrent un certain tumulte qui nécessita l'intervention des agents de police. Girard profita du moment; il saisit Reber par la main et l'entraîna dans un bureau voisin interdit au public. Là se trouvait un seul employé, à qui Girard, dont il semblait bien connu, dit quelques mots à voix basse. L'employé sourit, puis, ouvrant une seconde porte qui donnait sur la voie où le train se trouvait déjà prêt à partir, il leur fit signe qu'ils pouvaient passer.

Les deux amis se hâtèrent de profiter de la permission, et Reber se cacha dans un vagon vide.

— Tenez-vous là jusqu'à ce que le train soit en marche, dit le secrétaire; alors il vous sera facile, grâce à la communication qui existe entre toutes les voitures d'un même convoi, de rejoindre Schmidt et vos filles, qui vont entrer avec le public. Je cours les prévenir, et, si vous êtes prudent, vous n'avez plus rien à craindre.

Quelques minutes plus tard, les voyageurs envahissaient tumultueusement les vagons, puis le convoi se mettait en marche pour parcourir cette immense voie ferrée de plus de douze cent milles qui conduit de New-York à Saint-Louis de Missouri. A peine avait-on perdu de vue les derniers édifices de la ville, que Reber venait s'asseoir en sûreté entre Kretle et Julia.

Girard, demeuré seul sur le trottoir maintenant silencieux de l'embarcadère, suivait d'un œil pensif le panache de fumée qui trahissait encore la présence du train dans l'éloignement.

— Pauvres gens ! murmurait-il, peut-être eût-il mieux valu pour eux demeurer ici au risque de la misère, de la prison même... Mais ils l'ont voulu... Que la volonté du ciel s'accomplisse!

Et il sortit de la gare, en saluant avec un peu d'ironie les policemen qui se retiraient désappointés.

CHAPITRE SEPTIÈME.

VII.

La caravane.

Nous n'avons pas l'intention de raconter en détail le voyage des émigrants dans l'intérieur de l'Amérique. Nous dirons seulement qu'ils arrivèrent sans accident, sinon sans fatigue, à Saint-Louis ancienne colonie française, où ils quittèrent le chemin de fer pour s'embarquer dans un bateau à vapeur qui remontait la grande rivière du Missouri. Ils firent encore quelques centaines de milles, et ce fut la partie la plus agréable du voyage; mais quand ils eurent dépassé Jefferson, il leur fallut renoncer à ce moyen si commode de transport. Le bateau à vapeur n'allait pas plus loin; on était arrivé aux limites de la vie civilisée. Plus loin, c'était le désert, les aventures, l'inconnu.

Les voyageurs s'arrêtèrent dans un hameau de cinq ou six feux, que l'on décorait pompeusement du nom de village. Quand ils eurent été déposés avec leurs bagages au pied de la berge élevée qui dominait le fleuve, le bateau repartit sur-le-champ et disparut bientôt à leurs yeux. Ils s'adressèrent à un vieux pêcheur en haillons, qui nettoyait son canot sur la rive, et lui demandèrent naïvement le chemin de Stockton. D'abord le bonhomme n'eut pas l'air de les comprendre, bien qu'il parlât un peu l'allemand; ce fut seulement après des questions réitérées qu'il répondit en secouant la tête :

— Stockton! ce doit être, j'imagine, une de ces nouvelles colonies que l'on est en train de créer dans la prairie, du côté de la rivière Jaune. Que le bon Dieu bénisse ceux qui s'établiront là! Mais allez trouver Samuel Wolf, dont voici la maison, ajouta-t-il en désignant une habitation importante qui était située à l'entrée du village; Samuel doit connaître le pays dont vous parlez.

Et il se remit à son travail en sifflotant, ce qui ne l'empêchait pas de jeter par intervalles sur les voyageurs un regard de commisération.

Les émigrants, qui avaient la même destination que la famille Reber, formaient une troupe de soixante à quatre-vingts personnes. Ils étaient groupés autour des ballots déposés sur la grève, et semblaient fort embarrassés du parti qu'ils devaient prendre. Les femmes étaient assises sur des paquets, à l'ombre de vastes parapluies qui les protégeaient contre les ardeurs d'un soleil de feu, et les enfants jouaient insouciemment sur le sable, tandis que les hommes tenaient conseil entre eux. Comme tout ce monde ne pouvait se rendre à la fois chez Samuel Wolf, dont on attendait conseil et assistance, il fut convenu que les principaux chefs de famille seulement iraient s'aboucher avec lui. En conséquence, Reber, Schmidt, Burgwillers et quelques autres se dirigèrent vers l'habitation indiquée.

Elle avait l'apparence d'une de ces

forteresses rustiques dans lesquelles certains colons de la frontière abritent leurs personnes et leurs biens contre les incursions possibles des Indiens ou des vagabonds, à peine moins redoutables, qui hantent les déserts de l'Amérique. Elle était entourée d'une vaste enceinte formée de fortes palissades et d'un fossé profond; au centre de cette espèce d'esplanade s'élevaient cinq ou six grandes huttes, construites en troncs d'arbres avec plus de solidité que d'élégance. Les portes de l'enclos étaient munies de meurtrières au moyen desquelles on pouvait tirer sur ceux qui auraient tenté de s'emparer de l'habitation par la force. Enfin tout, dans ces constructions, rappelait qu'on se trouvait dans un pays où la protection de la loi pouvait être insuffisante, et où il était bon de se protéger soi-même.

La maison de Samuel Wolf était bien connue à plusieurs centaines de milles à la ronde, car elle monopolisait à elle seule le commerce de cette partie de la frontière. L'enclos était rempli de bœufs, de vaches, de chevaux, en quantité suffisante pour approvisionnar une ville; les hangars étaient encombrés de chariots, de voitures, de harnais, d'instruments de labourage; les magasins regorgeaient de marchandises de tout genre. C'était là, en effet, qu'à certaines époques les tribus amies du voisinage venaient échanger les peaux d'ours, de daims et de castors, produit de leurs chasses, contre des couvertures, des carabines, des munitions, et surtout contre des liqueurs spiritueuses, cette *eau de feu* qui a détruit plus de sauvages que les armes des blancs et la misère.

C'était là aussi que les caravanes de commerçants et d'aventuriers, après avoir erré dans les immenses solitudes qui s'étendent jusqu'aux montagnes Rocheuses pour trafiquer avec les tribus, se défaisaient de leurs vagons et de leurs équipages, préférant prendre la voie plus prompte et plus économique du bateau à vapeur pour rentrer dans les contrées civilisées. C'était là enfin que les colons, encore rares et largement espacés sur cette portion du nouveau monde, venaient acheter des bestiaux, des outils, souvent même du biscuit et des salaisons, en attendant leur première récolte. L'établissement de Wolf contenait donc en abondance des marchandises réputées précieuses dans le pays; et il pouvait être nécessaire de mettre de pareils trésors à l'abri d'un coup de main.

Comme les délégués des émigrants allaient pénétrer dans cette espèce de fort, ils rencontrèrent maître Wolf lui-même qui accourait au-devant d'eux pour leur offrir ses services. A la première vue de cet important personnage, ils reconnurent, ce que du reste leur avait appris son nom, que Samuel Wolf était juif. Il appartenait en effet à cette race cosmopolite que l'on rencontre sous toutes les latitudes où l'or est connu, race intelligente et subtile, la seule qui, sur le continent américain, soit de force à lutter contre l'astuce commerciale des Yankees. Du reste, Wolf avait dans sa physionomie le caractère d'un enfant d'Abraham ; c'était un homme de soixante ans, de taille moyenne, à figure longue et maigre, au nez fortement busqué, aux yeux vifs, aux cheveux un peu crépus et encore presque noirs.

Son costume indéfinissable se composait de pièces disparates, appartenant aussi bien à la vie sauvage qu'à la vie civilisée; il avait un chapeau noir venu de Paris et des mocassins à la mode indienne; sa chaîne et sa montre d'or tranchaient sur son gilet de peau de daim tel qu'en portent les trappeurs et les vacheros. En revanche, cet ajustement était d'une malpropreté révoltante, et paraissait servir depuis longtemps.

Si les émigrants avaient reconnu

tout d'abord à quelle religion il appartenait, Wolf, à son tour, n'eut besoin que d'un regard pour savoir à qui il allait avoir à faire. Aussi s'avança-t-il le visage souriant, vers les voyageurs, et leur dit-il avec volubilité dans la langue allemande :

— Des compatriotes, je gage ! Soyez les bien-venus, mes amis... C'est avec une grande joie que je vois vos bonnes figures germaniques dans ces parages... Du diable si les sauvages de la prairie pourront vous appeler *visages pâles*, comme ils appellent les autres Européens !

Et il se mit à rire le premier de sa plaisanterie ; Schmidt lui apprit qu'ils étaient Français pour la plupart.

— Bon, bon ! répliqua le complaisant juif, qui se mit à parler la langue française avec autant d'aisance que la langue allemande ; vous n'habitiez toujours pas loin du Rhin... J'ai vu cela d'abord, et, à la distance où nous sommes de notre vieille Europe, nous pouvons nous dire voisins et compatriotes. Encore une fois, soyez les bienvenus ! Mais ne m'avait-on pas dit qu'il était arrivé toute une bande d'émigrants ? où sont donc les autres ?

Sans attendre de réponse, il se dirigea vers la rivière, et aperçut le reste de la troupe, que l'élévation de la berge lui avait cachée jusque-là. Il ne put retenir un mouvement de satisfaction.

— A la bonne heure ! reprit-il, voilà de quoi peupler nos solitudes ! Et puis des bagages, des ballots, et sans doute une bonne provision de dollars dans les ceintures ! c'est à merveille.., Eh bien ! mes chers compatriotes, mes amis, mes enfants, quelle est votre destination ?

—Stockon, répliqua Schmidt, à qui la loquacité de Wolf permettait à peine de placer un mot.

— Stockton ! répliqua le juif avec sa

volubilité accoutumée, bonne ville, beau pays; vous y ferez fortune, je vous le garantis... Mais de quelle espèce de marchandises avez-vous besoin? Il vous faut des vagons, des bestiaux, des montures, des approvisionnements. J'ai tout cela, et au plus juste prix; je vous traiterai en amis; vous sentez bien que je ne voudrais pas rançonner des compatriotes! Là-bas, à Stockton, vous payeriez tout au poids de l'or; M. Jones, le facteur de la compagnie William Bell, n'a pas de conscience, et il vous écorcherait impitoyablement. D'ailleurs vous ne pouvez vous passer de guides pour atteindre Stockton, car les chemins ne ressemblent guère à nos chemins d'Europe. Guides, moyens de transport, provisions, rien ici ne vous manquera. Et puis je suis encore bon diable ; je ferai crédit à ceux qui me présenteront des garanties suffisantes.

Les émigrants en effet avaient besoin d'une grande quantité d'objets dont ils n'avaient pas voulu se charger jusque-là de peur d'augmenter démesurément leurs frais de voyage; des chariots et des chevaux leur étaient surtout indispensables. En apprenant cette nouvelle Wolf redoubla de témoignages d'intérêt.

— Ah çà ! que font là ces pauvres gens sous ce soleil de feu? reprit-il; est-ce qu'ils n'entreront pas chez moi ? Vous ne pouvez pas vous mettre en route avant demain; et où coucherez-vous la nuit prochaine? Il n'y a pas d'auberge ici, et vous aurez bien le temps de camper quand vous serez dans la prairie... Allons! entrez tous; nous sommes hospitaliers sur la frontière, car il faut s'entr'aider... Hommes, femmes, enfants, vous serez bien traités chez Samuel Wolf; vous aurez un bon souper et une excellente couche de peaux de bisons dans les magasins... Entrez, vous dis-je; il ne vous en coûtera pas un schelling, et ceux qui ne voudront rien acheter n'en seront pas moins vus de bon œil.

Cette invitation ne pouvait manquer

d'être acceptée, car, à moins de vouloir coucher à la belle étoile, il n'y avait aucun moyen de refuser. Aussi les émigrants, avec l'aide de plusieurs hommes robustes que Wolf venait d'appeler, s'empressèrent-ils de transporter leurs paquets dans l'intérieur de l'établissement, où un magasin demeuré vide fut mis à leur disposition.

La réception de Wolf, eu égard au lieu et à la circonstance, fut presque somptueuse. Moins d'une heure après leur arrivée, les voyageurs furent réunis sous une espèce de hangar, autour de tables grossières, et on leur servit en abondance des viandes fumées ou salées, des poissons marinés, des légumes, le tout arrosé de cidre, de bière, voire de wiskey, que certains convives estimaient déjà beaucoup trop. Leur hôte les excitait à manger et à boire, les comblait de caresses. A la vérité, le rusé juif, en les régalant ainsi, ne faisait que leur étaler sa carte d'échantillons; il avait des tonneaux de ces salaisons et de ce wiskey à vendre aux émigrants, et, tout en les invitant à fêter la bonne chère, il glissait adroitement l'éloge de ses marchandises. Néanmoins, sa générosité fut prise pour argent comptant par la plupart des convives, et quand on se leva de table, la tête un peu échauffée, on ne tarissait pas d'éloges sur les manières obligeantes et l'humeur libérale de maître Samuel.

Pour achever la journée, Wolf offrit complaisamment aux principaux émigrants de visiter ses parcs et ses magasins, pendant que les femmes et les inférieurs se reposeraient dans la pièce qui leur avait été assignée pour logement. Cette proposition fut acceptée, et bientôt le juif, suivi de huit ou dix chefs de famille, sans compter Schmidt et Reber, commença sa tournée dans les vastes dépendances de son établissement. Il leur montra d'abord ses nombreux troupeaux de bœufs, de chevaux et de mulets qui venaient de rentrer des pâturages; puis des vagons et des chariots fabriqués tout exprès pour traverser les vastes solitudes où les voyageurs allaient s'engager; enfin des amas d'objets de diverse nature qui, à l'entendre, devaient leur être désormais indispensables. Tout cela pouvait être livré « pour rien », c'est-à-dire pour la bagatelle de quelques dollars « à ses bons amis à ses chers compatriotes », et ils se repentiraient certainement plus tard de n'avoir pas su profiter de l'occasion.

Les émigrants n'avaient pas besoin de ces incitations. Reber, qui s'était consulté avec Schmidt, acheta un grand chariot couvert, ou *vagon*, qui pouvait contenir toutes ses provisions et tous ses bagages, puis deux paires de vaches pour traîner le vagon, et un cheval qui devait lui servir de monture à lui-même. Il fit encore marché avec Wolf pour un tonneau de biscuit et un autre de salaisons, bien qu'il eût déjà des provisions de ce genre, et enfin pour différents objets que Schmidt lui avait indiqués, après avoir consulté les instructions de Girard. Plusieurs autres émigrants achetèrent aussi des vagons et des attelages, mais Burgwillers s'étant informé si les bisons étaient nombreux dans le canton de la rivière Jaune, et ayant reçu une réponse affirmative, ne voulut acquérir aucun bétail; il se contenta de louer au juif deux chevaux et un chariot pour transporter sa sœur, qui composait toute sa famille, jusqu'à Stockton. Il est inutile de dire que Wolf, malgré ses airs désintéressés, vendit ses marchandises au double de leur valeur, et que le lendemain, au départ, les émigrants étaient délestés d'une bonne partie de leurs dollars ou de leurs banknotes.

On dormit fort bien sur des lits de peaux de bisons et d'ours, malgré l'odeur peu agréable qu'exhalaient ces pelleteries, mal préparées par les chasseurs des steppes, et le matin, quand la caravane quitta cette demeure soi-disant hospitalière, elle avait un air tout à fait imposant. Ces énormes chariots, sortes de maisons roulantes, ces bestiaux, ces cavaliers, ces piétons, rappelaient les tribus nomades de l'Afrique ou de l'Asie partant pour des contrées lointaines. La troupe s'était augmenté d'une douzaine de travailleurs appartenant à toutes sortes de nations;

ils espéraient trouver de l'ouvrage à Stockton, et déjà même plusieurs étaient engagés par les futurs colons pour travailler aux défrichements. En outre, comme on allait traverser un pays peu connu, où l'on était exposé à de mauvaises rencontres, Samuel Wolf avait décidé les principaux émigrants à s'adjoindre deux guides expérimentés, qui les conduiraient par la voie la plus directe à leur destination.

Le juif lui-même, monté sur un de

ces petits chevaux du pays appelés *mustangs*, qui sont à demi sauvages, voulut accompagner ses hôtes jusqu'à plusieurs milles de l'habitation. Là on fit halte pour les derniers adieux; Samuel renouvela ses offres de services à chaque émigrant, puis il secoua la main aux hommes, embrassa les femmes, tapota les joues des enfants, et partit en laissant les pauvres gens enchantés de ses manières affectueuses, sans réfléchir à ce que cette aménité leur avait couté.

On se dirigea vers le sud-ouest, et

plus on s'éloignait du fleuve, plus on s'enfonçait dans un pays sauvage et stérile. On traversait une vaste plaine, souvent sabloneuse, souvent dure, sèche ou parsemée de touffes d'herbes jaunie. Le chemin était à peine visible sur cette espèce de lande : c'était une de ces pistes, appelées *trails* par les Américains, que l'on reconnaît seulement aux légères ornières marquées dans le sol. Parfois aussi on rencontrait des bois, et la marche devenait encore plus difficile ; la végétation est si puissante dans ces régions vierges, que peu de jours suffisent pour effacer les traces du travail humain, et que les voyageurs sont souvent obligés d'employer la hache pour rendre praticable la route la plus fréquentée. Les signes de culture disparaissaient aussi peu à peu, et c'était à peine si, de loin en loin, quelques défrichements attestaient que des hommes avaient pénétré dans ces contrées avant nos chercheurs d'aventures.

CHAPITRE HUITIÈME.

VIII.

La caravane. *(Suite)*.

Cependant le premier soir ils vinrent coucher à une habitation assez importante, où ils furent reçus avec une véritable cordialité. Le colon américain est éminemment hospitalier, car il a presque toujours passé lui-même par les terribles épreuves auxquelles il voit le voyageur exposé. Les émigrants trouvèrent donc encore une fois bon gîte et bon accueil ; mais il leur fut annoncé que désormais ils ne devaient plus dormir sous un toit, et qu'il leur faudrait camper en plein air jusqu'à Stockton. En effet, le lendemain, après quelques heures de marche, ils s'engageaient dans les immenses solitudes de la prairie.

Les admirables romans de Fenimore

Cooper, ont familiarisé le lecteur européen avec les sites du nouveau monde, et il est presque inutile aujourd'hui de dire que les *prairies* américaines consistent en vastes steppes, impropres à la culture, presque entièrement dénuées d'arbres ou ne produisant que des arbres rabougris. Souvent elles sont couvertes d'une herbe dure, sèche, coupante, assez haute pour cacher un homme à cheval, et nous savons quel parti Hermann avait tiré de ce détail pour abuser l'ancien marquard Burgwillers. Souvent aussi cette espèce de gazon gigantesque est remplacé par une plante unique, d'un vert glauque et livide, d'un goût amer, dont aucun animal domestique, si pressé par la faim qu'il soit, ne saurait s'accommoder; c'est une sorte d'armoise ou de sauge, d'où l'on nomme cette portion de la prairie, *prairie des sauges*. Le sol ne parait pas uniformément plat, mais onduleux. et on l'a comparé à une mer houleuse dont un pouvoir surnaturel aurait subitement solidifié la surface.

La caravane avait donc à monter et

à descendre sans cesse, et deux hommes couraient en avant pour éclairer sa marche, de peur qu'elle ne tombât dans une embuscade d'Indiens ou de bêtes féroces. Du reste les ondulations du terrain ne faisaient pas obstacles à la vue, et le regard des voyageurs s'égarait sur des espaces incommensurables présentant le même aspect de désolation. On savait pourtant que la prairie n'était pas uniformément stérile; çà et là existent, surtout dans le voisinage des cours d'eau, des cantons fertiles, rares oasis du grand désert américain, et les bords de la rivière Jaune étaient, disait-on, une de ces oasis hospitalières; mais elle était encore bien éloignée, et, pour atteindre cette terre de Chanaan, il fallait supporter bien des souffrances,

En s'enfonçant dans cette redoutable contrée, la troupe avait pris un air belliqueux. Comme nous l'avons dit, deux hommes couraient en avant pour lui servir d'éclaireurs; les chariots s'avançaient à la file; l'arrière-garde était formée des bestiaux et des bêtes de somme. Les femmes et les enfants ne devaient s'éloigner du convoi sous aucun prétexte. Tous les hommes portaient la carabine ou le fusil sur l'épaule, et il n'était permis à qui que ce fût de rester en arrière. Schmidt, qui avait revêtu son costume de westman, et qui, armé jusqu'aux dents, allait et venait sans cesse de la tête à la queue de la caravane, faisait exécuter rigoureusement cette consigne. Les deux demoiselles Reber, elles-mêmes, ayant voulu par curiosité s'éloigner un peu du gros de la troupe, il les avait décidées à remonter bien vite, tout effrayées, dans leur vagon.

Le soir, comme on en avait été prévenu, il fallut camper pour la première fois. Heureusement, l'endroit désigné pour la halte était assez agréable, abondant en eau et en fourrage, ces premières nécessités des caravanes; c'était un petit vallon, au fond duquel un ruisseau limpide entretenait la verdure et la fraîcheur. On eût dit que le désert voulait pour cette première étape se montrer clément envers les émigrants, qui n'étaient pas encore habitués à ses rigueurs. Des traces de feux, des arbres à coton abattus, témoignaient que cette place était fréquentée par les voyageurs. La troupe s'y arrêta donc à son tour, et l'on se hâta de disposer tout pour la nuit, d'après les indications des guides et des travailleurs nomades, qui avaient une longue expérience en ce genre.

Les chariots furent placés de manière à former les trois côtés d'un carré, dont les abattis d'arbres formaient le quatrième côté ; on eut ainsi pour les voyageurs une sorte d'enceinte fortifiée et facile à défendre. Ils devaient coucher dans les vagons où sous des tentes pareilles à celle dont Reber s'était muni, quelques-uns même sur la terre nue, enveloppés dans ces couvertures de laine rayée en usage parmi les coureurs des bois comme parmi les Indiens En peu d'instants, malgré l'inhabileté de la plupart des émigrants, les abris furent dressés. Puis les actives ménagères, après avoir allumé des feux hors de l'enceinte, suspendirent au-dessus de la flamme des marmites de fer qui contenaient le souper de leurs familles. Quant aux bestiaux et aux chevaux, on s'était empressé de les dételer, et, attachés à des piquets, ils se dédommageaient amplement, au milieu d'un gazon tendre et succulent, des privations de la journée.

Bientôt le camp eut un air comfortable et joyeux. La nuit tombait et les feux de bivouacs brillaient d'un éclat plus vif, tandis que le vent frais du soir éparpillait dans la prairie la fumée odorante du souper. Des groupes rieurs se formèrent autour des gamelles, et les nouveaux colons ne trouvaient pas sans charmes cette vie aventureuse qu'ils ne connaissaient encore que par son beau côté. Le souper terminé chacun se retira, qui sous sa tente, qui dans son chariot, et bientôt le calme le plus profond régna dans le camp. Les glapissements lointains de quelques coyotes, ou loups des prairies, troublèrent bien d'abord le sommeil des voyageurs novices; mais les guides avaient assuré que ces hurlements n'annonçaient aucun danger, qu'ils prouvaient au contraire que la plaine était libre, les voyageurs finirent par s'endormir avec sécurité, comme font les nouveaux débarqués en Afrique lorsqu'ils se sont habitués aux glapissements des chacals. D'ailleurs on avait posé des sentinelles pour garder le campement pendant la nuit et pour entretenir les feux qui devaient tenir écartées les bêtes féroces.

CHAPITRE NEUVIEME.

IX.

La caravane (*Suite*).

Cette première nuit de bivouac se passa donc sans alerte, et le lendemain matin la caravane se remit en marche.

. . . .

Malheureusement les journées et les

nuits suivantes ne furent pas aussi calmes; on éprouva bien des inquiétudes, on supporta bien des fatigues, on brava bien des dangers avant d'arriver à destination Un jour on traversait une contrée si aride qu'on n'y rencontrait pas une goutte d'eau, pas un brin d'herbe fraîche, et que bêtes et gens étaient exposés à périr de soif. Un autre jour, au contraire, on s'embourbait dans des marécages, et tout le monde devait s'employer pour aider les attelages à se tirer de ce mauvais pas. On eut aussi plusieurs rivières à franchir, et l'on ne trouvait pas sans peine des endroits guéables L'une d'elles même était si large et si profonde qu'il ne fallut pas songer à la traverser de cette manière. Les émigrants furent obligés de construire avec des troncs d'arbres un grand radeau sur lequel ils passèrent les vagons un à un, non sans d'extrêmes difficultés. Une journée entière fut employée à ce travail, et c'était un jour de plus que devait durer ce voyage si pénible. Plusieurs accidents signalèrent cette longue marche ; un des émigrants mourut d'apoplexie pour s'être exposé sans précaution au soleil brûlant qui, même en automne, répand ses ardeurs sur la prairie; un autre, en voulant pénétrer dans un taillis, avait été mordu à la main par un serpent à sonnettes, et il eût péri de cette morsure quelques minutes après si un de ses compagnons, accourant à ses cris, ne lui eût fait sauter d'un coup de hache le doigt blessé. Plusieurs fois des ours gris ou grizly, les plus redoutables animaux de ces déserts, avaient poursuivi les chasseurs de la caravane, et souvent, la nuit, quand on campait dans le voisinage d'un bois, on entendait les rugissements du couguard, appelé *panthère* dans cette partie de l'Amérique du Nord.

Malgré tout cela, aucun découragement ne s'était glissé parmi les voyageurs, et ils supportaient leurs maux avec une grande philosophie. Les deux demoiselles Reber, comme les autres, ne s'effrayaient pas de leur situation; à la vérité, Julia devenait pensive par moments, en songeant combien de milliers de lieues la séparaient déjà de son pays natal et en voyant la caravane s'enfoncer de plus en plus dans ces solitudes sans bornes; mais la frivole Kretle n'avait perdu ni son courage, ni sa bonne humeur et chaque incident du voyage lui causait des émotions vives que recherchent tant les femmes nerveuses.

De leur côté, Reber et Schmidt, dès les premiers jours, s'étaient faits à cette vie nomade. Ardents et infatigables l'un et l'autre, ils étaient toujours en avant, la hache et le fusil sur l'épaule, et ils ne s'épargnaient pas pour l'intérêt commun. Schmidt, qui n'avait jamais touché une arme à feu avant de venir en Amérique, s'exerçait sans relâche à l'usage de la carabine; car il comprenait la nécessité de devenir promptement un tireur passable dans cette contrée primitive. Il exerçait son adresse sur toute espèce d'animal sauvage à poil ou à plume, qui se trouvait à portée, et, grâce aux leçons d'un vieux chasseur qui allait chercher fortune dans les nouvelles colonies, il acquit rapidement une certaine habitude du tir. Quant à Reber, il était déjà un peu braconnier dans les Vosges et habitué de longue date à l'usage du fusil ; aussi avait-il plus souvent que Schmidt l'occasion de régaler la famille des produits de son adresse.

Mais si la caravane, vers la fin du voyage, ne montrait ni découragement ni inquiétude, il lui était impossible de cacher sa fatigue et son affaissement. Le matin du neuvième jour, à compter de celui où l'on avait quitté le Missouri, les émigrants ne conservaient pas la belle contenance qu'ils avaient au départ. Ce n'étaient pas impunément qu'ils avaient été soumis à ces rudes épreuves, sous ce climat nouveau; ce n'était pas impunément qu'ils avaient renoncé à leurs habitudes de délicatesse européenne, couché sur la dure, affronté la chaleur des jours et la fraîcheur des nuits. Ils étaient d'une maigreur effrayante; leurs yeux étaient caves, leurs joues basanées, et ils se traînaient à peine. Les bêtes de somme et les bestiaux eux-mêmes étaient efflanqués, épuisés par cette longue marche. Cependant la gaîté régnait dans les rangs; les guides avaient annoncé qu'on arriverait à Stockton dans quelques heures, et la certitude que l'on touchait au terme de tant de maux soutenait les voyageurs.

On approchait en effet de cette oasis,

de la prairie où était située la ville tant désirée. Le sol perdait peu à peu de l'âpreté du désert et commençait à produire des arbres et de la verdure; les traces de chemin devenaient plus visibles. Rien n'annonçait encore le voisinage d'une ville; on n'apercevait ni habitants ni troupeaux; seulement, de loin en loin, quelques morceaux de terrain défrichés, quelques-unes de ces huttes en bois, appelées *log-house* ou *log-cabin*, rappelaient que des hommes fréquentaient, au moins temporairement, ces solitudes.

Du reste, ces faibles indices de civilisation ne tardèrent pas à disparaître de nouveau. La caravane venait de s'engager dans une immense forêt où, sauf la route ouverte à coups de hache, on n'apercevait qu'un fouillis inextricable d'arbres entrelacés, de lianes et de plantes parasites. Le soleil ne pénétrait jamais sous ce dôme épais de feuillage; on marchait dans une obscurité solennelle, qui permettait à peine d'entrevoir les objets. Il y régnait un silence majestueux, troublé par les cris aigus des écureuils qui se jouaient sur les vieux sycomores, ou par les roucoulements de quelques pigeons sauvages; le moindre bruit était répété par mille échos bizarres. Plusieurs fois les émigrants crurent entendre des craquements d'arbres qui se rompaient dans la profondeur des bois; mais ils ne purent reconnaître si ces arbres étaient renversés par une cause naturelle ou s'ils tombaient sous la hache des bûcherons; nulle part autour d'eux l'homme ne manifestait plus son existence.

On fit plusieurs milles dans la forêt,

et les voyageurs, malgré les affirmations contraires, commençaient à croire que les guides s'étaient égarés, quand ils aperçurent tout à coup une éclaircie à l'extrémité de cette sombre avenue. Un des guides qui précédaient la troupe s'était arrêté à cette place, appuyé sur sa longue carabine, et sa silhouette se dessinait en noir sur le ciel lumineux. Quand la caravane fut à portée de la voix, il étendit le bras vers une partie encore invisible du paysage et cria :

— Stockton !

— Stockton ! Stockton ! répétèrent les voyageurs avec autant de joie pour le moins que les Troyens en eurent à répéter le célèbre *Italiam ! Italiam !* de Virgile.

La caravane fit halte spontanément ; les cavaliers sautèrent à bas de leurs montures ; les femmes et les enfants abandonnèrent leurs vagons ; en quel-

ques instants les voyageurs eurent re-
joint le guide, et ils promenèrent autour
d'eux des regards avides.

CHAPITRE DIXIÈME

X.

La caravane (*Suite*).

On se trouvait sur un coteau qui dominait une vallée longue et étroite; au fond de cette vallée coulait une rivière assez importante. Autrefois, la forêt que l'on venait de traverser ombrageait la rivière, car on la voyait se prolonger sur l'autre rive jusqu'aux limites de l'horizon; mais depuis peu de temps, la vallée avait été dépouillée de son feuillage, et les eaux couraient à la face du ciel. De toutes parts, dans le bassin, on remarquait les traces d'un immense abattage; là, les arbres, coupés par le pied, se trouvaient encore à la place où ils étaient tombés ; un peu plus loin, d'autres étaient équarris en poutre, sciés en billes énormes ou débités pour le chauffage. Néanmoins, on ne voyait aucun travailleur, et, n'eussent été des flocons de fumée qui flottaient sur divers points, on eût cru ce lieu abandonné. La rivière n'avait ni ponts, ni bateaux; sur ses bords ne s'élevaient ni édifices, ni maisons; seulement çà et là, au milieu de piles de bois régulièrement entassées, on distinguait quelques masses sombres de forme carrée qui pouvaient être des huttes.

Les émigrants observaient tout cela avec un mélange d'étonuement et de consternation, Comme aucun d'eux ne prononçait une parole, le guide crut qu'ils n'avaient pas compris, et, indiquant du doigt le fond de la vallée, il répéta d'un ton d'impatience :

— Là... là... ne voyez-vous pas la ville de Stockton ?

— Appelez-vous cela une ville ? demanda Julia qui se trouvait près de lui.

— Moi, je ne vois rien, dit Kretle à

son tour, rien qu'une rivière et des arbres coupés... Une ville! où est-elle? où sont les églises, les maisons, les places, les quais, le port, toutes ces merveilles dont on nous parlait tant là-bas dans les Vosges et même à New-York? où sont ces rues nombreuses dont on nous montrait le plan et auxquelles on avait donné tant de noms pompeux?

Le guide haussa les épaules.

—L'église, ou plutôt le temple, reprit-il, se trouve là-bas, au milieu de cet espace nu qui doit plus tard servir de cimetière.

Il désignait une espèce de hutte en troncs d'arbres, un peu plus grande que les autres, et surmontée d'une pyramide de planches qui semblait chargée de représenter un clocher.

— Les rues, continua-t-il, sont indiquées par des écriteaux, comme vous pourrez vous en assurer quand nous serons dans la plaine. Pour le reste, ma foi ! le reste viendra plus tard ; les maisons ne manqueront pas dès qu'il y aura des habitants.

Une explosion de cris de fureur et de plaintes s'éleva tout à coup parmi les émigrants. A la vue de ce tableau si différent de ce qu'ils avaient attendu, ils se désespéraient et chargeaient de malédictions Hermann d'abord, qui était venu les arracher à leur foyer si humble mais si paisible, puis William Bell, puis les Américains et l'Amérique, et l'univers entier. Ils avaient nourri l'espérance de devenir riches propriétaires en terres et en bestiaux, à portée d'une ville florissante où ils pourraient vendre leurs denrées ; et sur cette espérance ils avaient joué leur passé, leur avenir. Or, voilà qu'au moment où ils se croyaient sur le point de recueillir le prix de tant de sacrifices, ils se trouvaient jetés dans un désert sauvage. au milieu des bois.

Mais aucun ne montrait plus de colère et de désespoir que Reber. Il se lamentait, il pleurait, il embrassait ses enfants, il leur demandait pardon de les avoir amenées dans ce lieu maudit. Les jeunes filles cherchaient vainement à le consoler, quand Schmidt s'approcha d'eux.

— Eh bien! Schmidt, mon bon Schmidt, demanda-t-il, que dis-tu de ce réveil de tous nos beaux songes? Ah? tu l'avais bien prévu!

— Courage, monsieur Reber, courage aussi, mesdemoiselles! répondit l'honnête garçon avec sa douceur accoutumée : je m'attendais à ce que nous voyons; le cahier de notre ami Girard et mes fréquentes conversations avec les guides m'avaient préparé à ce mécompte, dont je n'ai pas voulu vous entretenir plus tôt, de peur de vous ôter l'énergie nécessaire pour supporter les fatigues du voyage. A vrai dire, les travaux sont plus avancés ici que je n'osais l'espérer, on a déblayé le terrain, et c'est déjà beaucoup, car les maisons et les habitants poussent vite sur le sol américain. Avant une année peut-être, il existera vraiment ici une ville importante. Quant à nous personnellement, nous n'avons encore aucun sujet de nous alarmer ; il s'agit de savoir si le lot de terre dont vous allez être mis en possession est de bonne qualité et susceptible de rémunérer votre travail; c'est là le point capital. En attendant que nous apprenions la vérité à cet égard, ne nous laissons pas aller au découragement. La ville sera bâtie et habitée peut-être avant que nous puissions porter à son marché le produit de nos récoltes.

Ces consolations pleines de sens finirent par rendre quelque confiance à Reber, et les deux sœurs, qui s'habituaient insensiblement à considérer leur jeune ami comme un oracle infaillible, se dirent qu'elles auraient tort de désespérer de l'avenir, puisque Schmidt n'en désespérait pas encore. D'un autre côté les guides et les Américains de la caravane cherchaient à rassurer de leur mieux les émigrants européens, et s'efforçaient d'adoucir l'amertume de leur désappointement.

Quand les voyageurs furent un peu remis de leur émotion, celui qui avait la direction de la caravane reprit à haute voix :

— Allons! il est temps de descendre, et la pente est si rapide que nous aurons bien du mal à empêcher nos vagons d'arriver dans la plaine les quatre roues en l'air... En route donc!... aussi bien on a dû nous voir d'en bas, et peut-être M. Jones, le révérend ministre de Stockton, nous prend-il déja pour une tribu de Pawnies ou d'Apaches qui vient attaquer ses paroissiens... Et tenez voici déjà les habitants de la ville qui s'effrayent de notre présence!

Les habitants de la ville consistaient en deux ou trois personnes, que l'on voyait courir à toutes jambes vers une hutte centrale destinée à servir de temple; on n'apercevait pas d'autre créature vivante dans le reste de la vallée.

Mais les émigrants n'eurent pas le temps de faire de nouvelles observations; la route qu'il s'agissait de descendre était une sorte de ravin encombré de roches; les attelages et les chariots risquaient en effet d'être culbutés sur cette pente excessivement raide, si l'on ne prenait de grandes précautions pour les faire arriver dans la plaine. Aussi tous les voyageurs dûrent ils prêter la main à cette difficile opération, et, grâce à leurs efforts, on atteignit sans accident les bords de la rivière.

CHAPITRE ONZIEME

XI.

L'arrivée.

La caravane se dirigea vers le temple, point central de la ville projetée. Le sol n'était pas si bien aplani qu'on ne vit surgir çà et là de robustes souches qui faisaient trébucher les passants et partois arrêtaient net les attelages. Des poteaux, plantés de distance en distance, portaient les inscriptions les plus diverses ; ici devait être le théâtre, plus loin la bourse, de ce côté la gare du chemin de fer. Les rues étaient seulement tracées, et, dans l'incertitude où l'on se trouvait encore sur la nationalité des gens qui viendraient s'établir le long de ces problématiques voies publiques, on avait donné aux rues les noms des principales villes de l'Europe où l'émigration est en faveur. Il y avait ainsi une rue de Berlin ou Berlin-street, un

Dublin-street, un Baden-street, etc. Il y avait même un Paris-street; mais sans doute les spéculateurs qui avaient fondé Stockton ne comptaient pas trop sur une grande affluence de Parisiens, car Paris-street, à en juger par le tracé, devait être une rue triste et étroite, sorte de cul-de-sac rejeté à l'extrémité des faubourgs. Il va sans dire que l'on ne voyait aucun indice d'habitation ou même de culture le long de ces voies publiques, encombrées de copeaux et de mauvaises herbes. Les maisons de bois, ou plutôt les huttes dont nous avons parlé, étaient situées autour de la place de l'église, et il y en avait environ une vingtaine. La population entière de Stockton, comme on l'apprit bientôt, se composait au plus de soixante personnes, en y comprenant les femmes et les enfants.

C'était l'heure du travail, et la plupart des colons étaient encore dispersés dans les bois. Aussi ceux qui restaient, en voyant une troupe nombreuse s'avancer sans hésiter vers les habitations, éprouvaient-ils de grandes inquiétudes. Quand la caravane atteignit la place, elle aperçut un groupe de quatre à cinq personnes qui se tenaient sur la défensive à quelque distance. En tête de ce groupe se trouvait un homme d'une cinquantaine d'années, d'une maigreur extrême, qui paraissait être un personnage éminent de la colonie. Il était vêtu de drap noir, mais d'un drap si vieux et si râpé qu'on en distinguait à peine la couleur primitive. Ses maigres jambes étaient enveloppées de guêtres de peau de daim, et un chapeau de jonc protégeait son front jaune contre les ardeurs du soleil. D'amples lunettes d'argent, à cheval sur son nez crochu, ne pouvaient cacher l'expression effarée de ses gros yeux myopes. Il était assisté de deux hommes ayant l'apparence de bûcherons, sans doute ceux qu'on avait vu courir pour donner l'alarme, et l'un d'eux s'était armé précipitamment d'une carabine. Une vieille femme, qui tenait un bâton arraché à des fagots voisins, et un petit garçon qui remplissait délibérément ses poches de cailloux, complétaient le personnel des défenseurs de Stockton, et certes tous ensemble ne paraissaient pas bien redoutables.

Quand la caravane fut proche, le personnage vêtu de noir s'écria d'une voix dont la frayeur rendait plus sensible encore l'accent nasillard :

— Qui êtes-vous? Venez-vous ici au nom du Seigneur ou bien au nom de l'esprit des ténèbres?

Un des guides qui marchait en avant, donna quelques explications; aussitôt les signes de défiance disparurent et les habitants de Stockton montrèrent un contentement extrême.

— Et nous qui vous prenions pour des Amalécites, pour des Philistins du désert! s'écria l'homme noir avec explosion. Bénis soient ceux qui viennent au nom de Dieu!... Hosannah!... Hurra!...

— Hurra! hurra! s'écria la population de Stockton avec une énergie qui devait suppléer à son petit nombre.

Malheureursement l'orateur, qui n'était autre que le révérend M. Jones, ministre méthodiste de la paroisse, s'était exprimé en anglais, et les émigrants n'avaient pu comprendre sa mystique bienvenue. De son côté, M. Jones, en les entendant parler une langue étrangère, s'informa de leur patrie, et on lui apprit qu'ils étaient Français. Cette nouvelle diminua visiblement sa joie.

— Français ! s'écria-t il de sa voix nasillarde, c'est-à-dire catholiques, c'est-à-dire papistes et partisans de l'Église de Rome !... Que le Seigneur nous pardonne nos péchés ! je me suis engagé à exercer mon divin ministère suivant le rite qui réunirait le plus de suffrages dans cette paroisse, et déjà sur les soixante habitants de Stockton, il y avait cinq suffrages de majorité pour la pieuse secte méthodiste, tous les autres étant anglicans, presbytériens, quakers ou moraves ; et voilà qu'il nous arrive tout à coup une nuée de catholiques qui vont vouloir être prêchés, baptisés, mariés selon les cérémonies compliquées de l'Église de Rome!... Que le Dieu commun ait pitié de nous! Je ne me tirerai jamais de leur interminable liturgie... Cependant dites-leur bien, mon frère, continua-t-il en s'adressant au guide qui servait de truchement, dites-leur bien que je ne suis pas indigne de leur confiance; on s'arrangera pour satisfaire leurs scrupules religieux, et s'il faut absolument pour cela employer quelques formules papistes, on s'y résignera... Aussi bien je suis le seul ministre de la religion qu'il y ait à plus de cent milles à la ronde, et ce n'est pas la peine d'y regarder de si près pour quelques légères différences de dogme.

On voit que le révérend ministre de Stockton était des plus accommodants. Mais le guide n'eut pas le temps de traduire aux nouveaux colons la requête de M. Jones et ses doléances : on venait de faire halte, et les émigrants étaient tout occupés des soins matériels exigés par la circonstance. Il s'agissait de faire boire les chevaux et les bestiaux, de leur trouver un pâturage. Les voyageurs s'informaient aussi d'un gîte où ils pourraient déposer leurs bagages et coucher eux-mêmes la nuit prochaine, car selon toute apparence ils ne s'établiraient sur leurs concessions que le lendemain. Ils n'accordaient donc aucune attention à M. Jones, qu'ils prenaient pour un ridicule prêcheur, et ils demandaient à grands cris l'hôtelier, le magistrat de la ville, l'agent de la Compagnie William Bell, le chef du cadastre. Le guide se mit à rire.

— Le chef du cadastre, répliqua-t-il, le facteur de la Compagnie qui doit vous mettre en possession de vos terres, le premier magistrat de la ville, l'hôtelier ne sont qu'une même personne, et cette personne, la voici.

En même temps, il désignait le révérend M. Jones, qui en effet réunissait sur sa tête toute l'autorité politique, religieuse, municipale et commerciale de la localité, les autres colons, maintenant disséminés dans la forêt, n'étant guère que des bûcherons et des chasseurs ou de petits agriculteurs complétement illettrés.

CHAPITRE DOUZIÈME.

XII

L'arrivée (suite).

Aussitôt M. Jones fut assailli de demandes auxquelles il ne comprenait rien. Par bonheur, quelques mots prononcés en langue allemande, qu'il parlait lui-même avec facilité, vinrent frapper son oreille.

— Ah! vous n'êtes donc pas tous Français et catholiques ! s'écria-t-il en allemand d'un ton joyeux, ou du moins vous êtes nés dans les provinces voisines de l'Allemagne, et il y a sans doute parmi vous des juifs, des calvinistes, des luthériens et autres sectes? Que Dieu soit loué! nous pourrons certainement être d'accord ensemble.

De beaucoup rassuré par cette découverte, le révérend Jones prêta enfin l'oreille aux diverses requêtes de ses nouveaux administrés. Il leur promit, en sa qualité de facteur de la compagnie William Bell, de vérifier sans retard les titres dont ils étaient porteurs, et, en sa qualité de chef du cadastre, de les mettre dès le lendemain en possession des lots de terrains dont ils étaient acquéreurs dans le voisinage de Stockton. De plus il leur indiqua plusieurs rues de la ville où les bœufs et les chevaux, attachés à des piquets, trouveraient une pâture suffisante. Les chariots pouvaient stationner sur la place, à condition toutefois que leurs maîtres monteraient la garde à l'entour pendant la nuit, car, de l'aveu de M Jones, la police n'était pas encore bien organisée à Stockton, et il fallait se méfier de certains visiteurs à deux et à quatre pieds qui hantaient les forêts environnantes.

—Quant à vous, mes chers frères, continua le ministre, je ne vois pour vous loger cette nuit que le temple. Toutes les autres maisons de la ville sont occupées, et nulle part vous ne pourriez trouver plus de comfort et de bien-être. L'édifice est soigneusement construit, bien planchéié, et les fenêtres sont garnies de vitres; enfin vous serez là sous la main de Dieu, et vous pourrez le remercier de vous avoir accordé un heureux voyage. Seulement, comme le temple appartient à la Compagnie William Bell dont je suis le mandataire, et comme il a coûté considérablement à bâtir, je prélèverai une légère rétribution sur chacun de ceux qui viendront y chercher un abri... Oh ! presque rien, vingt cents (1) par personne et par jour, pendant le temps qu'il vous conviendra d'y demeurer. N'est-il pas juste que ceux qui ont construit ce temple à grands frais trouvent une compensation terrestre à leur acte de piété?

Certains émigrants, et surtout les demoiselles Reber, ne comprenaient guère comment un édifice consacré à un culte prétendu chrétien, pouvait ainsi se

(1) Environ un franc.

transformer en auberge; mais les autres, habitués d jà aux étranges spéculations de certaines sectes américaines, ne s'en étonnèrent pas et subirent, sans trop murmurer, l'exaction nouvelle. On s'empressa de dételer les bêtes afin qu'elles pussent paître en liberté, puis on s'achemina vers le gîte commun pour y installer les familles. Le ministre accompagna la troupe. Arrivé au temple, il tira de sa poche une énorme clef avec laquelle il en ouvrit la porte, et il introduisit ses hôtes dans le sanctuaire.

Ce sanctuaire était une grande case blanchie à la chaux intérieurement et éclairée par deux fenêtres. On n'y voyait aucune espèce d'ornement, aucun tableau, aucune sculpture, les méthodistes étant essentiellement iconoclastes. Le mobilier consistait en plusieurs bancs de bois, façonnés à la hache, et en une chaire à prêcher portative, d'un travail à peine moins grossier. L'édifice semblait assez vaste pour servir de dortoir aux émigrants; seulement, comme le sol était recouvert d'un plancher, il il n'y avait aucun moyen d'y faire du feu, et les femmes de la caravane furent obligées de dresser leur cuisine à l'extérieur afin de préparer le repas.

Le révérend ministre perçut très-exactement la rétribution convenue. Après avoir empoché la recette, il offrit aux ménagères de leur vendre les provisions qui pouvaient leur manquer. Dans une case voisine, M. Jones avait un magasin complet d'épiceries, de salaisons, de biscuits, appartenant à la Compagnie William Bell, et il proposait ses marchandises au prix le plus modeste, c'est-à-dire au triple de ce qu'elles valaient dans les villes de l'Union. Il en fit l'éloge avec tout le charlatanisme d'un colporteur de profession, mais inutilement : on n'avait besoin de rien.

— Allons, dit-il enfin avec humeur, je gage que vous vous serez aussi laissé enjôler par Samuel Wolff! Ce maudit juif guette toutes nos pratiques au passage, et il n'y a plus rien à faire après lui... Mais patience! vos approvisionnements s'épuiseront, et, comme Wolff est loin, il faudra bien que vous ayez recours à nous.

Tout en pestant contre la déloyale concurrence de Wolff, le révérend M. Jones laissa les pauvres ménagères à leurs travaux et finit par se retirer avec les chefs de famille, qui avaient hâte de lui présenter leurs titres de propriété.

Il les conduisit dans sa demeure, maison de bois, ou *log-cabin*, à peine plus grande et plus logeable que les huttes des bûcherons. Là, le ministre complaisant, le marchand peu scrupuleux de tout à l'heure, redevint le représentant de la puissante Compagnie Bell. Assis dans un fauteuil grossièrement façonné, devant une table de même fabrique, il se mit à examiner avec une attention minutieuse les actes qu'on lui soumettait. Après les avoir lus, il consultait un plan ouvert sur la table, pour reconnaître la situation de chaque lot, et il ne manquait jamais de se récrier sur l'excellence du terrain, sur les mille avantages que le colon allait trouver dans sa propriété. Cette occupation le retint pendant le reste de la journée, et les émigrants se retirèrent enfin avec la promesse que, dès le lendemain, ils seraient installés dans leurs domaines.

FIN DU SIXIÈME VOLUME.

Argenteu — Impr. Worms et Cie.

Paris. — Imp. P.-A. BOURDIER et Ce, rue Mazarine, 30.

www.ingramcontent.com/pod-product-compliance
Lightning Source LLC
LaVergne TN
LVHW010542100826
845148LV00001B/264

* 9 7 8 2 0 1 2 1 9 7 8 8 6 *